JN306401

学校が教えない
ほんとうの政治の話

斎藤美奈子 Saito Minako

★――ちくまプリマー新書
257

目次 ＊ Contents

プロローグ　「選挙に行け」っていわないで！

なぜあなたは政治に関心がないのか

若者が選挙に行かない。そういって大人はなげきます。

「君たちの将来が選挙によって決まるというのに、なぜ行かないの？」

「政治にも、少しは関心をもたなきゃ、いけないよ」

余計なお世話というものです。そんな説教は何の足しにもなりません。

日本の国政選挙の投票率はたしかに年々、戦後最低記録を更新《こうしん》しています。二〇一四年一二月の第四六回衆議院選挙における投票率は52・7パーセント。特に低いのは若い世代で、二〇代の投票率は32・5パーセント、三〇代は42・1パーセントでした。二〇代の三人に二人、三〇代の二人に一人は選挙に行かなかったことになります。

二〇一六年から選挙権年齢が引き下げられ、一八歳（以前は二〇歳でした）から投票ができることになりました。それではりきっている人も、なかにはいるでしょう。では、あなたはどう？　政治や選挙に関心、ありますか？

じつはどうでもいいやっていう人が多いんじゃないのかな。

どうでもいい理由は簡単。あなたには「ひいきのチーム」がないからです。

プロ野球ファンはなぜ、毎日のゲームの勝敗に一喜一憂《いっきいちゆう》するのでしょう。

それは「ひいきのチーム」があるからです。

「へえ、阪神が巨人に勝ったんだ。だから？」

そんな野球音痴《おんち》の人はナイター中継も見ないし、球場にも足を運びません。

NHKはなぜ、選抜高校野球大会と全国高校野球選手権、いわゆる春と夏の甲子園《こうしえん》大会を生中継するのでしょう。それは「ひいきのチーム」を応援したくても甲子園球場に足を運べない人が全国におおぜいいるからです。

この場合の「ひいきのチーム」とは「地元の高校」です。

「ひいきのチーム」は、このように、しばしば地域と強く結びついています。

四年に一度のオリンピックやサッカーのFIFAワールドカップで、あなたが日本代表チームを応援するのも「地元の代表だから」でしょう。

しかし、地元は単なるキッカケ。もう少し事情通になると、それぞれ独自の基準で「ひいきのチーム」や「ひいきの選手」が決まります。あのプレイは天才的だとか、ストイックな姿勢が好きとか、理由はいろいろでしょうけれど。

人は「ひいきのチーム」がないとやる気が出ない

話を選挙にもどします。

選挙とは、端的にいえば「ひいきのチーム」や「ひいきの候補者《こうほしゃ》」に一票を投じる行為です。「ひいきの候補者」とは、いま風にいえば「推《お》しメン（推薦《すいせん》したいメンバー）」かな。しかし、あなたには「ひいきのチーム」がなく「推しメン」もいない。そんなあなたに選挙に関心をもてといっても、どだい無理な話でしょう。

「なぜ選挙に行かないのか」と問う大人には、「じゃあ、あなたはなぜＡＫＢ48のシングル選抜総選挙に参加しないのか」と聞いてみればよいのです。ＡＫＢ48シングル選抜総選挙とは、二〇〇九年から毎年一回行われているファン投票で、投票数の多かったメンバーが選ばれシングル曲を歌うことができるというシステムですが、ＡＫＢ48に関心のない人は、メンバーの顔が並ぶホームページを見ても、誰《だれ》も区別がつかず、「何がおもしろいんだ?」と首をかしげるばかり。

同じことが、あなたと選挙の関係についてもいえます。AKB48はそれでもアイドルですから、彼女たちを知らなくても音楽は楽しめます。ところが選挙ときたら、投票用紙に候補者か党の名前を書いて箱に入れる、それしかやることがないのです。

周囲に「行け行け」とせっつかれ、しょうがないので、あなたは投票所に向かいました。投票所の前には候補者の顔写真がついた選挙ポスター。並んでいるのは見知らぬオッサン、オバハンばかりです。誰が誰やらわかりません。投票用の個人ブースには「自民党　A山B男」「共産党　C川D子」などと書かれた紙がはってあります。ますますわからなくなります。困ったあなたは考えます。

「自民党?　なんか聞いたことあんな。共産党ってのも聞いたことあんな。どっちにすっかなあ。まあいいや。じゃあ自民党ってことで」

これで選挙のすべてが終わりです。そしてあなたはいうのです。「こないださあ、選挙に行ってみたけど、べつにおもしろくなかったわ」。そしてついでにもう一言。「政治なんか、誰がやっても変わんないんじゃね？」

そりゃそうです。あなたが選挙を楽しめなかったのは、候補者のちがいがわからず、選ぶ基準をもっていなかったからです。候補者に思い入れがないのですから、投票した人が当選しようがしまいがどうでもいい話でしょう。

「ひいきのチーム」のある人はちがいます。この人たちは、どんなにお天気が悪くても、その日、どんなに大切な約束があっても選挙に行きます。

理由はひとつ。「ひいきのチーム」を勝たせたいからです。そして「ひいきのチーム」が勝てば「日本もまだ捨てたものではない」と思って上機嫌《きげん》になり、負ければ「日本はもうおしまいだ」と考えて絶望的な気分になります。「ひいきのチーム」があるとないとでは、選挙でのエキサイティング度が天と地ほどもちがうのです。

学校でも職場でも「リアルな政治」は学べない

では、なぜあなたには「ひいきのチーム」がないのでしょう。

ひとつは学校教育のせいです。日本の義務教育では、小学六年生と中学三年生の社会科（公民）で、政治のしくみを学びます。民主主義とは何か。憲法の三つの柱とは。三権分立とは。政党政治と選挙のしくみとは……。

いずれも大切な事項です。しかし学校では、口が裂けても「ひいきのチームをもちなさい」とは教えません。文部科学省の方針で、それは禁じられているからです。

文科省の教育方針を定めたある文書（中学校学習指導要領解説 社会編）にはこんな文章があります。〈（政治に関する教育については）いわゆる党派的政治教育を行うことのないようにする必要がある〉。この文章でいう「党派的政治」が「ひいきのチームの応援」にあたります。また、学習指導要領の上位にある教育基本法第一四条には、こんな規定もあります。〈法律に定める学校は、特定の政党を支持し、又はこれに反対するための政治教育その他政治的活動をしてはならない〉。

これでは政治に興味をもちようがありません。ひいきのチームもなしに、野球やサッカーを観戦して何がおもしろいでしょう。皮肉なことに学校は、もっとも政治とは遠いやり方で、政治（みたいなもの）を教えているのです。

とはいえ、文科省の判断もまちがってはいません。「党派的教育」をオッケーにしたら、学校はいろんな「党派」の人たちの合戦場《かっせんじょう》となってしまいますし、学校が特定の党派に肩入れしたら、生徒たちはそれ以外の意見にふれる機会を失ってしまいます。

では、学校を卒業した後はどうでしょう。

日本の社会は全体に「政治的であること」を嫌います。「ひいきのチーム」はもっていても、それを隠す人は少なくありません。下手なことをいうと、殺されるからです。いや殺されなくても、浮くんじゃないか、嫌われるんじゃないか、信頼を失うんじゃないか、仕事を干《ほ》されるんじゃないか……。みんな、ビクビクしています。

じじつ、職場や職種によっては、ほんとうに「仕事を干され」ます。干される可能性が特に高いのは、芸能人や放送人でしょう。政治的な発言をしたためにテレビから消えた人。ブログやツイッターが炎上し、二度と政治的な意見を表明しなくなった人。片方では政治に関心をもてといいながら、もう片方では政治的な意見を述べた人を社会的に抹殺《まっさつ》する。それがこの国の隠れたオキテです。

また、マスメディアは「中立公正」をモットーにしていますから、ニュースキャスターやコメンテーターも、めったに自分の意見をいいません。ジャーナリストなんかは、政治意識がそうとう高いはずですが、それでもほとんどの人は当たり障《さわ》りのないことしかいいません。みなさん、仕事を干されたくはないのです。

さあ、もうおわかりでしょう。学校でも職場でもテレビでも、大人は政治的な意見を表明しない。これでは「リアルな政治」が学べるわけがありません。

あなたのホームを見つけよう

「ひいきのチームをもつこと」を、別の表現で「党派性」といいます。党派といっても、自民党とか共産党とかの、ああいう既成の政党のことではありません。もっとざっくりした、政治的な立ち位置のようなものです。いいかえれば、あなたにとっての「ホーム」はどこで、「アウェイ」はどこかってことですね。

私にも、もちろん「ホーム＝ひいきのチーム」はありますが（それについては、後でおいおいお話しします）、それをあなたに押しつける気はありません。

世の中にはどんな政治的ポジションがあって、自分はどこに近いのか。あの党とこの党、あの候補者とこの候補者のちがいを見きわめるポイントは何なのか。

おもしろいことに「ホーム」がどこかはっきりすると、「アウェイ」にも関心が向きますから、社会のしくみが、だんだんクリアに見えてきます。

そして、ついでにいうと、友だちが増えます。同じチームを応援するサポーターどうしが仲良くなるのと同じこと。なにげない会話から「この人も同じ考えだったんだ」と知るのは楽しい体験です。彼や彼女と語り合うことで、あなたの見聞は深まり、やがては学校や職場の「政治音痴」な人たちが、歯がゆく思えてくるでしょう。

誰もわざわざ口にはしませんが、政治に関心が高い人は、みんな、そのようにして自らの政治的センスを養ってきたのです。

この本の最終的な目的は、あなたの「ホーム」を見つけてもらうことです。そのために、この本では各章で「二つの選択肢」を示して、考えてもらうことにしました。AとBのどちらにあなたは近いか、まずはそこからはじめてください。

第1章

二つの立場：体制派と反体制派

政治に「中立」はありえない

政治参加の第一歩は、投票所に行くことではありません。

「いまの世の中って、なんかおかしくない？」

そう思うか思わないか、ここが分かれ道。

「べつにいまのままでもいいんじゃねーの？」「だよね。べつに困ってないし」という幸せな人もいれば、「冗談じゃないですよ。就職《しゅうしょく》、やばいもん」「そうだよ。これじゃ生活できないよ」という不満だらけの人もいる。あるいは「就職は個人の能力や努力の問題で、政治とは関係ないと思う」と考える人も、「自分は困ってないけど、困っている人がいる世の中はまちがっている」と考える人もいるでしょう。

就職問題について先に申しますと、就職は、半分は個人の能力や努力の問題ですが、半分は政治の問題です。私たちの生活で「政治と無関係」な分野など、ほんとうはないのです。ですが、いまは就職ではなく、政治参加の話です。

政治参加の第一歩は、あなたの「政治的なポジション（立場）」について考えることです。政治的なポジションは、結局のところ、二つしかありません。

「体制派」か「反体制派」か、です。

「体制」とは、その時代時代の社会を支配する政治のこと。したがって「体制派」とはいまの政治を支持し「このままのやり方でいい」と思っている人たち、「反体制派」はいまの政治に不満があって「別のやり方に変えたい」と考えている人たちです。

さて、あなたはどちらでしょう。

どっちでもない？　あ、そうですか。そんなあなたは「ゆる体制派」「ぷち体制派」「かくれ体制派」です。どっちでもない、つまり政治に無関心で、特にこれといった意見がない人は、消極支持とみなされて自動的に「体制派」に分類されます。

先にいっておきますが、政治的な立場に「中立」はありえません。

世の人々はとかく「自分こそが中立で、まわりが偏《かたよ》っているのだ」といいたがります。あるいは「自分こそが正義で、まわりがまちがっているのだ」と考えたがります。とんだ誤解というべきでしょう。民主主義とは多種多様な意見を調整し、よりよい結論を導くためのしくみです。人の意見は多様なものである、という前提に立てば、どんな意見も少しずつ「偏っている」のが当たり前なのです。

とはいうものの、どんな国でも、どんな時代でも、数として多いのは「ゆる体制派」の人たちです。投票で国や自治体の代表者を選ぶ民主主義の下では、「体制派」は「多数派」とほぼ同じといっていいでしょう。政治に関心をもてと大人はいいますが、そんな大人もたいていは政治にたいして関心のない「ゆる体制派」なのです。

体制の側に立つか、反体制の側に立つか。あなたがどちらの立場に近いかは「いまの日本」をどう評価するかにかかっています。

Ⓐ豊かとはいえないけど暮らしてはいけるし、いまのところ平和だし、インターネットも使えるし、世の中こんなもんでしょ、と考えるか。

Ⓑ格差は広がってるし、ブラック企業が平気ではびこってるし、国は戦争をしたそうだし、こんな世の中まちがってるよ、と考えるか。

ものごとを楽観的にとらえて楽しく暮らすⒶタイプの人が「(ゆる)体制派」なら、社会のアラをさがし出し、ものごとを悲観的に考え、日本の将来を憂《うれ》えるⒷタイプの人は「(ゆる)反体制派」になりやすい傾向があるとはいえるでしょう。

人生、「ゆる体制派」でいけるなら、それに越したことはありません。政治のことを考えずに暮らせるのは幸せな証拠。本人がそれでよければ、何の問題もありません。もちろんあなたが幸せでも、誰《だれ》かを踏みつけている可能性はありますが。

これに対して「反体制派」は、自ら選ぶというよりも「やむをえず選ばされてしまう」立場というべきでしょう。誰だってお上《かみ》（体制）になんか、できれば刃向かいたくはありません。ところが「体制派」「ゆる体制派」だった人たちが、突然「反体制派」に転じる場合があります。「政治に目覚《めざ》める」とは、じつのところ、こういうケースを指す場合が多いのです。いったいどんな場合なのでしょうか。

「反体制派」は江戸時代にもいた

「体制・反体制」の中身は、時代によっても国によってもちがいます。

江戸時代を例にとって考えてみましょう。

江戸時代の日本は、幕藩《ばくはん》「体制」というくらいで、徳川《とくがわ》将軍を頂点とする支配のしくみが「体制」でした。「体制」が「体制」であるためには、政治がある程度安定していること、またある程度長期にわたって続いていることが必要です。徳川家康《いえやす》が江戸幕府を開いたのが一六〇三年、大政奉還《たいせいほうかん》によって江戸幕府が倒れたのが一八六七年。この間のじつに二六四年もの間、日本は幕藩体制の下にありました。

大名《だいみょう》が藩と呼ばれる領地を治め、土地の住人から取り立てた米や特産物などの年貢《ねんぐ》が経済的な基盤になる制度。親藩《しんぱん》・譜代《ふだい》・外様《とざま》という大名の区分。参勤《さんきん》交代や改易《かいえき》（大名の転勤）によって大名の自由を制限するやり方。武士階級にのみ特権を与え、それ以外の庶民と区別する「士農工商」の身分制度。すべてが巧妙に組み立てられた「支配のしくみ＝体制」です。当時の人々は（武士も町人も農民も）、いつか幕府が倒れる日が来るなんて、夢にも思わなかったでしょう。「体制」とは、中にいる人にとっては「絶対的にゆるぎないもの」なのです。

こういう時代に、では「反体制派」は存在したのでしょうか。

幕府にとっては存在してもらっちゃ困るわけですね、そんなもの。「反体制派」とは時の政権（幕府）に刃向かう人たちのことですから、支配者は自らの支配体制を盤石《ばんじゃく》に保つために何が何でも「反体制派」を殲滅《せんめつ》しなくてはなりません。いいかえると、「反体制派」を徹底的にたたきつぶすことに成功し、「反体制派」が生まれないよう万全《ばんぜん》の策を講じたからこそ、徳川幕府は二五〇年以上ももったのです。

なのですが、実際には、どんな時代にも「反体制派」は存在します。政治的な要求をかかげて支配者や権力者と闘《たたか》うことを「反体制運動」といいますが、その伝でいくと、このころの「反体制運動」というべきは「一揆《いっき》」でしょうね。

室町《むろまち》時代の土一揆や国一揆もそうですし、織田信長《おだのぶなが》をはじめ、戦国武将の多くは一向《いっこう》宗《しゅう》（浄土真宗本願寺派《じょうどしんしゅうほんがんじは》）の門徒たちによる一向一揆に苦しめられました。宗教は人の心を動かす力をもち、まとまって行動すれば体制を転覆《てんぷく》させることも可能です。反体制派は為政者《いせいしゃ》にとってもっとも危険な存在なのです。

江戸期になって政治が安定すると、このような武装蜂起《ほうき》をともなう一揆はめっきり減りますが、それでもこの間に三〇〇〇件以上の百姓一揆が起こったといわれます。百姓一揆は、重税や飢饉《ききん》、代官の約束不履行《ふりこう》などをきっかけにした農民の蜂起です。どんなに強固な支配体制の下でも、「もうがまんの限界だ」「正義にもとる」と思ったとき、人は勇気をふるって立ち上がります。もちろん死ぬ覚悟で、です。

「義民《ぎみん》」という言葉を知っていますか？　義民っていうのは、みんなのために領主に抵抗して刑死した一揆の指導者なんかのことです。殺されるってわかっていても、領主がいかに怖くても、やるときゃやるんです人間は。反体制派は「やむをえず選ばされてしまう立場」である、といったのはそういう意味です。

もっとも百姓一揆は個別具体的な要求をかかげた直訴《じきそ》の一種ですから、農民という存在そのものが「反体制派」だったわけではありません。

じゃあ、徳川幕府が明確な「反体制派」と見なして徹底殲滅をはかった相手は誰だろう。それはおそらくキリシタンだろうと私は思います。

江戸期最大の反体制運動「島原・天草一揆」

キリスト教が日本に伝えられたのは「イゴヨク広まるキリスト教」、つまり一五四九年ですが、豊臣秀吉《とよとみひでよし》の時代には、もう禁止されてしまいました。秀吉が「バテレン追放令（バテレンてのは外国人の宣教師《せんきょうし》のことね）」を出したのは一五八七年ですから、四〇年もたたないうちに禁教になってしまったわけです。これを半ば引き継いで、徳川幕府がキリスト教禁止令を出したのは一六一二年でした。

幕府がキリスト教を禁じたのは、安全保障上の理由（国土がスペインやポルトガルの植民地にされるのをおそれた、西国の大名が南蛮貿易《なんばんぼうえき》で潤《うるお》うのを警戒《けいかい》した）と、思想上の理由（日本の伝統的な神仏を否定するのはけしからぬ、神の前ではみな平等という一神教の教えは身分制度をゆるがす）の両方が考えられますが、いずれにしても、キリシタンがいずれ幕府の支配体制を壊す火ダネになるだろうと彼らは予測したわけです。

一方、当初はお上《かみ》に逆らう気などなかったはずのキリシタンも、多くの殉教《じゅんきょう》者や拷《ごう》問《もん》による棄教《ききょう》者が出るにつけ（秀吉のバテレン追放令以来、日本国内で殉教したキリスト教徒は、記録に残っているだけで三〇〇〇人とも四〇〇〇人ともいわれます）、「ワシらはお上に敵対しているのだ」という自覚をもったはずです。

それが頂点に達したのが、「島原《しまばら》・天草《あまくさ》一揆（島原の乱）」（一六三七〜三八年）でした。島原・天草一揆は、島原半島（島原藩。現在は長崎県）と天草諸島（唐津《からつ》藩。現在は熊本県）の領民が藩主に対して起こした反乱です。なんたって数万の民衆が武装蜂起したのですから、江戸期最大の反体制運動といっていいでしょう。

島原・天草一揆も、重税と飢饉に苦しむ農民たちの「百姓一揆」ではあったわけだけれど、他とちがっていたのは、島原、天草はキリシタンの中心地で、このチームには多くのキリシタンがまじっていたことです。幕府がキリシタン（といっても多くは農民ですが）の撲滅《ぼくめつ》にどれほど本気だったかは、乱の鎮圧のために一二万人もの兵を送ったことからもうかがえます。一揆というけど、ほとんど戦争ですよね。一方、最後まで島原の「原城」に立て籠《こ》もって戦死し、あるいは処刑された一揆軍の老若男女は三万七〇〇〇人といわれます。それだけの数の人々を、老人も子どもも含め、幕府は皆殺しにしたのでした。

たとえお上（体制）に不満があっても、「ったく、ろくな世の中じゃねえよ。おいらはいまの政府は認めねえよ」などと愚痴《ぐち》をたれてふて寝をしているだけなら、それは「ゆる反体制派」にすぎません。しかし、ひとたび支配者を「敵」と見定めた瞬間から、彼らは「自覚的な反体制派」になります。島原・天草一揆は、そのもっとも華々《はなばな》しく苛《か》烈《れつ》な例だったといっていいでしょう。

徹底的に弾圧されたキリシタンとは対照的に、江戸期を通じて急激に「体制化」していったのは仏教です。

全部の宗派がそうだったわけではないにせよ、さっきもいったように、戦国時代の大名たちは一向宗の門徒による一向一揆に苦しめられました。

しかし、江戸期になると、幕府は仏教寺院を体制の維持《いじ》に利用しました。キリシタンではないことを証明するため、すべての民衆はどこかの寺に所属させられました（「寺《てら》請《う》け制度」といいます）。一方、寺には、土地や給与を与えられ優遇してもらうかわりに、「宗門人別改帳《しゅうもんにんべつあらためちょう》」に名前が記された住民を管理する、お役所みたいな役目が課せられました。仏教の指導者たちは、こうして権力の手先と化していったのです。

なにも徹底殲滅するだけが手ではない。危険思想の芽が摘めるなら「反体制派」を巧みに手なずけて「体制側」に取り込んだっていいわけです。

支配体制を維持するためなら、支配者はなんだってやります。不断《ふだん》の努力を続けなければ、どんな体制も維持することはできないのです。

反体制派はいつか体制派と入れかわる

とはいえ、ここが歴史のおもしろいところ。体制派と反体制派は、つねに入れかわる可能性をひめています。どんなに強固なしくみをつくっても、どれほど不断の努力を続けても、ひとつの体制が永遠に続くことはありえません。歴史とは、反体制派が体制派にとってかわることのくりかえしである、といってもいいのです。

という意味で、体制の大きな交代劇といったら、やはり明治維新《いしん》でしょう。一五代将軍慶喜《よしのぶ》が大政を奉還して、徳川幕府が倒れたのは一八六七年のことですが、ここにいたるまでには、さまざまな反体制運動がありました。こういう動きが頻繁《ひんぱん》に起こるのは、体制がゆらぎはじめた証拠です。

そうしたゆらぎは一九世紀初頭、天保《てんぽう》年間(一八三〇~四四年)のころから進行していました。江戸時代末期に当たるこの時代には、天保の大飢饉、全国的な凶作《きょうさく》、米価の高騰《こうとう》などで、たくさんの餓死者《がししゃ》が出て、各地で百姓一揆が多発しました。幕府は「天保の改革」で幕政の立て直しをはかりますが、人々の不満はつのるばかり。

この時代の反体制運動として知られているのは「大塩平八郎の乱《おおしおへいはちろう》」(一八三七年)でしょう。大坂《おおざか》東町奉行《ぶぎょう》の元与力《よりき》(いまでいう警察官)で、陽明学者《ようめいがくしゃ》でもあった大塩平八郎は、もとはといえば体制を支えていた側の人物です。米不足に苦しむ大坂の民衆を救済するよう、彼は奉行所に申し入れていましたが、いっこうに聞き入れられません。そんな折に発覚した豪商《ごうしょう》の米の買い占めと奉行の不正。ブチ切れた平八郎は、幕府に訴状を送りつける一方、ついに門下生らと結託して暴動を起こします。

結果的に平八郎はとらえられ、反乱は失敗に終わりますが、この事件は体制側たる幕府にも、圧政に苦しむ民衆にも大きなショックを与え、この後、同じような乱が各地で起きて、幕藩体制を倒す遠因のひとつになりました。

そうなんです。権力（体制側）が、反体制運動をおそれるのは、ひとつの騒動があちこちに飛び火して、大きな力になることがあるからです。

さらに時代が下って黒船来航後、幕府の方針を批判して「尊皇攘夷《そんのうじょうい》」を唱えた、西郷《さいごう》隆盛《たかもり》、大久保《おおくぼ》利通《としみち》、坂本龍馬《さかもとりょうま》ら、いわゆる「幕末の志士たち」も、「反体制派」の若者たちにほかなりません。尊皇攘夷というのは「（将軍ではなくて）天皇の権威を重んじること（尊皇）」と「開国を拒否すること（攘夷）」をセットにした思想ですが、背景にあったのは幕府に対する不満です。当時、下級武士の生活は困窮《こんきゅう》をきわめており、幕府への不信はつのっていました。そこに大老《たいろう》・井伊直弼《いいなおすけ》が朝廷の許可をとらずに日米修好通商条約を結んだものですから、さあたいへん。彼らの怒りは爆発し、ここから討幕運動（幕府を倒そうという運動）が激化したのです。

しかし、もちろん幕府もだまってはいません。体制側の親分である井伊直弼は反体制派を弾圧《だんあつ》すべく、一〇〇人以上の処分に乗り出します（これが「安政《あんせい》の大獄《たいごく》」です）。反体制派、すなわち討幕運動の理論的・精神的リーダーだった吉田松陰《よしだしょういん》も、このときに処刑されました。あ、そうだ。いまも人気のある新撰組《しんせんぐみ》っていうのは幕府が浪人《ろうにん》を集めてつくった警備隊ですから、こっちは体制側ですね。

開国を否定する攘夷思想そのものは徐々にすたれていきますが、下級武士らの反感はさらにつのり、やがてはこれが明治維新につながっていくのです。

たまたま権力闘争《とうそう》に勝ったので、彼ら「幕末の志士」たちは維新の立役者《たてやくしゃ》、明治政府の重鎮《じゅうちん》として歴史に名を残しましたけど、じゃなかったら、彼らは幕府の転覆をねらった反体制運動の活動家。ただのテロリスト集団です。

幕府という「体制」と、討幕を目標にかかげた「反体制派」の激突こそが明治維新だった。旧幕府軍と新政府軍（倒幕派）の全面対決となった戊辰《ぼしん》戦争（一八六八～六九年）

に勝って、新政府はやっと「体制」になったのです。

自由民権運動も反体制運動だった

さて、というわけで、明治維新は反体制派たる下級武士たちが、徳川幕府という「体制」を倒した歴史の交代劇でしたが、反体制派が「体制」になったとたん、彼らは新たな「反体制派」への対応を迫られることになります。

幕末には「雄藩《ゆうはん》」と呼ばれた薩長土肥《さっちょうどひ》（薩摩《さつま》藩・長州《ちょうしゅう》藩・土佐《とさ》藩・肥前《ひぜん》藩）の人々を中心につくられた明治政府の新しい体制は、天皇を中心とした中央集権国家でした。

どんな政権も、前の体制を嫌うのは世のならいです。古い習慣をとにかく壊しちゃわないと、先へは進めません。新政府がまず目指したのは幕藩体制の解体です。そのために、廃藩置県《はいはんちけん》、地租《ちそ》改正、徴兵令《ちょうへいれい》など、政治、経済、文化にいたるまで、あらゆるものを彼らはリニューアルしていきました。

しかし、どんな支配体制も、誕生したばかりのころは脆弱《ぜいじゃく》です。しかも、ちまたには旧体制の残党がまだうようよ残っている。旧体制の支配者は、体制がかわれば、反体制勢力になってしまうわけですね。

ですので、明治政府が直面した最初の試練は、新体制に不満タラタラな旧士族との対決でした。維新の英雄だった西郷隆盛が旧士族にかつぎだされて政府に反旗をひるがえした西南戦争（一八七七年）が特に有名ですが、武士の反乱は各地で起こりました。権力者にとって体制を固めるっていうのは、なかなかたいへんなんですよ。

あとはそう、明治の反体制運動といったら、忘れちゃいけないのが、同じ時期の「自由民権運動」です。内戦でやっと旧士族を鎮圧したと思ったら、今度はなんだよ、いっしょに幕府を倒した連中の反乱かよ！

自由民権運動は、それまでの内乱とはまったく性質の異なる反体制運動でした。

まず、政府に要求している内容が、たいへんに近代的です。

国会を開け、憲法《けんぽう》をつくれ、地租を軽減せよ、不平等条約の改正を急げ、言論や集会の自由をよこせ、地方自治を認めろ……というのですから、民主主義を求める、つまり「民主化闘争」です。学校で教わる自由民権運動は、明治時代のいろんな事件のうちのひとつみたいな感じですけど、そんな軽いもんじゃない。ここで彼らの要求が通っていたら、日本はもっと早くまともな近代国家になっていたかもしれない、っていうくらいの、そりゃあ意味のある反体制運動だったのです。

自由民権運動の中心的な役割を果たした人物には、板垣退助《いたがきたいすけ》とか、後藤象二郎《ごとうしょうじろう》とか、大隈重信《おおくましげのぶ》とかがいます。この運動のメンバーには、旧土佐藩（高知県）と旧肥前佐賀《さが》藩（佐賀県）の旧士族が多かった。薩長土肥のうちの「土肥」ですね。彼らは新政府のやり方に反発して、はやばやと野に下っていたのでした。新政府の主要メンバーは「薩長」、つまり旧薩摩藩（鹿児島県）と旧長州藩（山口県）の出身者で占められていましたから、土肥チームにしたら「なんだよあいつら、地元のダチで固めやがってよ、許しておけんぜよ」という思いがあったかもしれません。

豪農や農民、商工業者らも巻きこんで、運動はたちまち全国に広がります。福島事件、高田事件、群馬《ぐんま》事件、加波山《かばさん》事件、秩父《ちちぶ》事件、大阪事件、静岡事件……。明治一〇年代の日本では、自由と民権を求める反体制派と、彼らの集会や抗議行動を阻止《そし》しようとする体制側の人々との衝突《しょうとつ》事件が、それはもう多発したのです。

反体制運動をつぶすには言論弾圧がいちばん

自由民権派を立ち上がらせたのは、西洋から入ってきた自由と民権（人権）を重んじる思想です。近代国家をめざすなら、明治政府も、彼らの要求を受け入れたっていいはずですよね。なぜ衝突なんかするのでしょう。

そこが権力の権力たるゆえんです。自らの権威《けんい》を示し、体制を維持するために、体制派は反体制派をつぶさぬわけにいかないのです。

明治政府が民権派に対してとった対抗策は、「国会開設」と「憲法制定」を約束して妥協《だきょう》をはかることでした（ただし国会も憲法も、国民の権利と自由を大きく制限するものでしたが）。しかし、その一方では、事件の関係者を処刑し、保安条例（一八八七年）で言論弾圧をはかることも忘れなかった。この条例には、結社（グループをつくること）や集会の禁止、警察権限の拡大、出版の制限などが含まれていました。ここには体制側がどうやって反体制勢力をつぶすかの、重要なヒントが隠されています。

いまも昔も反体制運動の基本中の基本は以下の二つです。

第一に人が集まること。第二に人に情報を伝えること。

現代の日本でも、脱原発デモとか米軍基地の建設反対集会とかで、よく人が集まっていますよね。で、人を集めるためにも、集会で話し合われたことを伝えるためにも、活動家にはメディア（いまならネット上のホームページやSNS、ちょっと前だとビラやパンフレットなどの印刷物）が必要でしょ？

ちょっと脱線しますけど、日本国憲法の二一条が保障する、表現・結社の自由は、だから大切なんですよ。「表現の自由」っていうのは、過激《かげき》な性表現のためにあるのではなく、反体制運動のための条文といってもいいのです。

自由民権運動も同じで、結社、集会、新聞は、活動のための重要なツールでした。結社と集会と印刷物がどれほど大きな力をもつかを、明治政府は民権運動との対決で、いやっというほど学んだはずで、だから政府は、言論の自由を奪《うば》ってしまおうと考えたのです。反体制派を鎮圧するには言論弾圧がいちばんの近道なのです。

もうひとつ、明治を代表する反体制運動を紹介しておきます。「日本初の反公害運動」として知られる「足尾《あしお》鉱毒《こうどく》事件」です。この事件（運動）は、近代の「体制・反体制」がどのようなものかをよくあらわしています。

事件（運動）の発端《ほったん》は、一八九〇年ごろから、栃木県の古河財閥《ざいばつ》が経営する足尾銅山の鉱毒で、渡良瀬《わたらせ》川とその流域の稲作に大きな損害が出たことでした。被害にあった農民は、銅山の操業停止と損害賠償《そんがいばいしょう》を求めて政府に訴え出ますが、政府はまったく聞き入れません。業《ごう》を煮《に》やした農民たちは、とうとう上京して抗議行動（押し出し）にうって出たのです。いまでいうデモですね。この運動のリーダー的な存在が、地元選出の国会議員で、かつては自由民権運動の闘士だった田中正造《たなかしょうぞう》です。田中は足尾の惨状《さんじょう》を帝国議会で訴える一方、議員を辞して明治天皇に直訴までしました。

このときも、政府は、言論と集会の弾圧という形で運動を鎮圧しました。被害農民には租税の減免《げんめん》を行っただけ。五〇人以上の活動家を逮捕《たいほ》し、しまいには公害問題を治水問題にすりかえ、流域の谷中《やなか》村を強制廃村《はいそん》にしてしまいました。

明治の初期までは、武力で対決していた体制派と反体制派。その点、自由民権運動や足尾鉱毒事件は、言論による要求だった点で、近代的な反体制運動でした。それでも政府がこれらを弾圧したのは、同じような運動が次々起こるのを防ぐためです。反体制運動が激化すれば体制の転覆になりかねない。言論には言論弾圧を。体制側の人々にとって、危険思想は小さな芽のうちに摘んでおかなくてはならないのです。

米騒動はただの騒動なんかじゃない

しかも、国家の言論弾圧は、ときに暴力をともないます。

自由民権運動や足尾鉱毒事件はまだデモ隊と警察の衝突ですみましたが、警察だけでは手におえないとなれば、政府は軍隊を出します。

戦前の日本政府が軍隊を出動させたことは何度もあります。特に有名なのは、日比谷焼き打ち事件（一九〇五年）、足尾暴動（一九〇七年）、そして米騒動《そうどう》（一九一八年）です。

日比谷焼き打ち事件は、日露《にちろ》戦争後の講和条約の内容に怒った大衆が日比谷公園で開いた集会から、大きな衝突に発展した事件。足尾暴動は、労働条件の改善を求めて、足尾銅山で働く労働者たちが起こした爆弾テロです。

どちらも大きな騒動でしたが、特筆すべきはやはり米騒動でしょう。これは全国規模で広がった民衆の暴動、というか反体制運動でした。

ことの起こりは、米価の高騰でした。都市人口の急増とシベリア出兵の決定で、米の需要が増えることを見越した一部の商人が、米を買い占めてしまったのです。そんなおり、富山県魚津《とやまけんうおず》の女性たちが、団結して米の積み出しに反対し、船を空《から》で出港させることに成功した。この事件が新聞で報じられると、同様の動きが日本じゅうに広がり、北は北海道から南は九州まで一道三府三八県、三か月にわたって米の安売りを要求する行動がくりひろげられたのです。工場や炭鉱の労働者、被差別部落民、都市の貧民層まで加わって、ときには打ち壊しに発展。参加したのべ人数は七〇万とも一〇〇万ともいわれます。

これを見て政府はどう思ったか。そりゃあふるえあがるよね。ビビった政府は、じつに一二〇か所に一〇万人以上の軍隊を出し、騒動を鎮圧したのでした。

あなたは、軍隊っていうのは国を守るために外敵と戦うものである、とか思ってませんか？　ところが、軍隊の仕事は外敵と戦うことだけじゃない。国内の内乱や暴動を鎮圧するのも大きな仕事なのです（「治安出動」といいます）。

ちなみに現在の自衛隊《じえいたい》も、「治安出動」できることになっています。体制の維持のためには、国民にも銃《じゅう》を向ける。それが国家権力というものです。外国の例でいうと、韓《かん》国《こく》の光州《こうしゅう》事件（一九八〇年）のときにも、中国の天安門《てんあんもん》事件（一九八九年）のときにも、国は軍隊を出動させて、民衆の暴動を鎮圧しました。

だいたい「騒動」とか「暴動」とか「事件」とか「内乱」とか「紛争《ふんそう》」とかいいますけどね、これらはみんな体制側から見た言葉です。民衆の側からいえば、ただ騒いでいるだけじゃない。ぜんぶちゃんと理由があるのです。

米騒動がただの騒動ではなかった証拠に、これによって寺内正毅内閣《てらうちまさたけないかく》は退陣し、近代的な権利を求める大正デモクラシーは、ここからはじまったのでした。米騒動は人々が権利意識に目覚めたはじめての体験。ただの暴動なんかじゃないのです。

体制派は悪代官で、反体制派は正義の味方か

現代に話をもどしましょう。

民主主義国家である現代の日本は、憲法で「言論の自由」も「結社の自由」も認められていますから、あからさまな言論弾圧はないことになっています。

しかし、民衆の要求が簡単には通らないのは、自由民権運動や足尾鉱毒事件や米騒動

のころといっしょです。運動が激化するにしたがって、運動そのものにいろんなかたちで圧力がかかるのもいっしょです。

世の中の多くの人は「ゆる体制派」だと申しました。反体制派は「やむをえず選ばされてしまう」立場である、ともいいました。

「ゆる体制派」だった人が反体制派に転じるのは、ひとつは、足尾銅山事件の被害者のように、なんらかの社会的事件の当事者になってしまった場合です。

もうひとつは、自分が当事者でなくても、社会正義の立場から「みんなの要求を無視する政府のやり方はおかしいじゃん」と思った場合です。ちゃんとした反体制運動には、「おかしいじゃん」と思った多くの支援者や支持者や賛同者がつき、大きな大衆運動につながる可能性がある。だからこそ体制側はおそれるのです。

ここでもう一度、最初の問いにもどりましょう。

あなたが共感を覚えるのは、体制派でしょうか、それとも反体制派でしょうか。

ここまでの流れを見ると、体制派は悪代官のような権力の手先で、反体制派が正義の味方のように思うかもしれません。

しかし、体制側には体制側の論理があります。もしすべての人が自分の要求を通そうとしたらどうなるか。為政者が反体制運動を規制しなかったらどうなるか。反体制運動は激化すると、爆弾テロのような殺し合いに発展しかねません。そうなったら、世の中は騒然とし、静かに暮らしたい人々の平安は乱されます。政治的に正当な理由があろうがなかろうが、騒ぎはあくまで騒ぎです。そして、政府には国民の命と生活を守る義務があります。

体制派の人々は、世の中の大きな変化を望みません。いま現在、平穏無事な生活をおくっている人が「この生活を守りたい」と考えるのは当たり前でしょう。

あなたは体制派？　反体制派？

体制を維持するために国の中枢《ちゅうすう》を握っている人々を「権力」といいます。具体的には、政府、国会議員、裁判官《さいばんかん》、官僚《かんりょう》、警察、そして国を財政の面から支える経済界のトップなどが、ここに含まれます。

権力ないし体制側の人々は、現行の体制下で一〇人に不満があっても、九〇人が満足しているならよしと考えます。世の中の安定のためなら、多少の犠牲《ぎせい》は仕方がないと考えます。彼らの目に映る「反体制派」は、自らの我《が》を通そうとするワガママな不満分子にほかならず、国民生活を乱す敵にほかなりません。

もしもあなたが「ゆる」ではなく「本格的な体制派」を目指すなら、ぜひとも権力の中枢に入ってください。猛《もう》勉強して一流の大学を卒業し、エリート官僚になって国を動かす側に立つとか。一部上場《じょうじょう》企業の社員として出世街道をひた走り、億単位のお金を動かせる立場になるとか。それが正しい「体制派」への道です。

むろんいまの日本は憲法で「思想信条の自由」が認められていますから、エリート官僚にも一流企業の社員にも、あるいは警察官や自衛官のような「体制を守る職業」についている人にも、「心情的には反体制派」な人はおおぜいいます。しかし、ひとたび彼らが反体制ぶりを発揮して、所属する組織の方針に従わなかったら、たちまち「組織内反体制派」として不利益（左遷《させん》とかリストラとか）をこうむります。

一方、反権力、反体制側の人々は、九〇人が満足でも一〇人に不満があるなら何とかすべきだと考えます。だから効率は悪いし、「わからず屋」と思われて、空気を悪くしがちです。

もしあなたが反体制派で行くのであれば、出世はむずかしいかもしれません。お金儲《もう》けをしたい人にも反体制的な生き方はすすめません。精神の自由は得られますが、金銭的な不自由は覚悟しておいたほうがいいでしょう。

二〇一六年から選挙権年齢が一八歳に引き下げられ、学校外での政治活動の是非《ぜひ》が議論されました。学校の許可や届け出が必要かどうかは自治体によって異なりますが、学校も体制の一部であることは知っておくべきでしょう。だから学校は、政治活動を許可はしても奨励《しょうれい》はしません。「校外のデモに参加して何が悪いのさ。政治に参加しろっていってたくせに」なんていってるのは、何もわかっていない証拠。

いいですか。政治的な活動は反体制派的発想と結びついているのです。権力の側からいえば、みんなに政治音痴《おんち》の「ゆる体制派」でいてもらうのが、いちばんいいわけ。政治のことなんか、若者にほんとは考えてほしくないのです。権力にとっては、反体制派が増えてもらっちゃ困りますからね。政治について語るのはカッコ悪いという雰囲気は、体制側の作戦勝ちともいえるのです。

それでも「いまの世の中って、なんかおかしくね？」「いやもう、絶対おかしいよ」と思うなら、あなたはもう立派な反体制派の有資格者。すでに田中正造側の人間です。「ゆる反体制派」「かくれ反体制派」「ぷち反体制派」であることに、誇《ほこ》りと自信をもってください。

第2章

二つの階級：資本家と労働者

世界には金持ちと貧乏人がいる

人間は生まれながらにして平等です。正確にいえば、平等であるはずです。ですが、実際の社会には「これでもか」というほどの不平等が存在します。

もっとも切実で、誰《だれ》にでも関係のある不平等は「貧富《ひんぷ》の差」でしょう。持てる者と持たざる者の差。どんな社会でも、こればっかりはなかなか解消されません。

経済格差、すなわち富裕層と貧困層《ひんこん》の差はどうして生まれるのか。たくさん働いた人はお金持ちになり、怠《なま》けた人は貧乏になる、というなら話は簡単なのですが、現実はぜんぜんそうはなっていません。

戦後（一九四五年以降）の日本は、世界的にも経済格差の少ない平等な社会だといわれてきました。とりわけ一九六〇年代から七〇年代初頭くらいまでは「高度経済成長」と呼ばれる時代で、経済はめきめき成長、人々の暮らしはみるみる豊かになっていきました。モノがどんどん生産され、生産されたモノはどんどん売れ、人々の賃金《ちんぎん》が年々上がっていった、いまから思うと夢のような時代です。みんながそこそこ豊かさを実感していた証拠に「一億総中流」という言葉まであったほどです。

いまはまったくちがいます。

日本で「経済格差が拡大している」といわれはじめたのは、一九九〇年代の終わりごろから。格差が肌で感じられるようになったのは二〇〇〇年代に入ってからです。二〇〇〇年代の後半には、格差をあらわす新語が続々と生まれています。

働いているのに生活保護の水準以下の収入しかない「ワーキングプア」、家賃が払えず住むところを失ってインターネットカフェや漫画喫茶《まんがきっさ》で夜をすごす「ネットカフェ難民《なんみん》」。派遣《はけん》労働者との契約を突然打ち切る「派遣切り」や、契約を更新《こうしん》しない「雇《やと》い止め」、新卒者の内定を取りやめる「内定取り消し」などが大きな問題となったのは、リーマン・ショック（アメリカのリーマン・ブラザーズという証券会社が破綻《はたん》して、世界じゅうの株価が暴落《ぼうらく》した事件）後の二〇〇八年でした。

そしていま、二〇一〇年代の日本では、「格差」どころか「貧困」が重大な社会問題として浮上しています。特に深刻なのは子どもや若い世代の貧困です。貧困かそうでないか、ＯＥＣＤ（経済協力開発機構）が決めたボーダーラインは、一世帯当たりの年収が手取りで二四四万円、一人当たり一二二万円。二〇一二年の統計で、この「貧困」とされる世帯に属する子ども（〇～一七歳）の割合は一六パーセント。二〇～二四歳の貧困率は全世代の中でもっとも高く二一パーセント。また、ひとり親家庭（だいたいは母子家庭）の貧困率は五四パーセントにのぼります。

いったいこの国はどうなっているのでしょうか。

日本の貧困化はなぜ進んだのか

若者をとりまく問題として、もうひとつ深刻なのは仕事の環境です。シフトがきつくて授業にも出られないブラックバイトをする学生。学費を稼《かせ》ぐために風俗で働く女子。就活《しゅうかつ》は厳《きび》しくなって、一〇〇社受けて一社も合格しなかったという人がいたり、就職はできたけど、入ってみたら倒れるまで社員を使い倒すブラック企業だったり。自殺率が高いのも、うつ病などの精神の病に苦しむ人が多いのも、二〇代です。

「そんな会社はやめればいいじゃん」と軽くいう人がいますけど、やめられるんならとっくにやめてるわ、って話でしょう。

格差が広がり、貧困層が増えた理由は、いろいろあります。

九〇年代の初頭にバブル経済がはじけ、企業が人件費を節約するようになったこと。働く人に払うお金を減らすために、正規雇用《こよう》者（正社員）の割合を減らし、低賃金の非正規雇用者（派遣労働者、パートタイマー、アルバイトなど）に切り替える企業が増えたのです。また、転職がキャリアアップに結びつきにくい日本では、一度就職を逃した若者はなかなか正社員になれません。

しかし、最大の原因は、経済のグローバル化が進んだことです。国境を越えて活動する巨大企業は、いちばん有利な条件の土地に会社をかまえ、最大限の利潤《りじゅん》をあげようとするため、工場などを賃金が低くてすむ新興国に移します。会社には専門性の高い（高給を取れる）社員が少しいるだけでよいのです。

また、産業の中心がインターネットなどの情報産業に移り、オフィスのIT化が進むと、以前はたくさん必要だった熟練《じゅくれん》の職人や、ホワイトカラーと呼ばれる事務系の労働者は、あまりいなくてよくなります。かわりに求められるのは、保育、介護《かいご》、飲食などのサービス業ですが、こういう職種は賃金が低く抑《おさ》えられています。

と、ゴチャゴチャいってきましたが、はい？　それが政治と関係するのかって？

もちろん関係は大ありです。政治のいちばん大きな仕事は、国民の生活を安定させ、失業者を減らし、貧困層を少なくすることだからです。

このような、雇用、賃金、労働条件など、働く人に関係する問題を労働問題といいます。労働について考えることは、政治参加への第一歩なのです。

資本主義社会は自由で平等？

まず、あなたが属している場所から考えてみましょう。

あなたはお金持ち？　それとも貧乏人？

お金持ちのあなたは、社会の上半分にいる気分ですよね。反対に、私はぜったい貧乏だ、という人は社会の下半分、場合によっては底辺にいる気分になるはずです。

それは、まったく正しい感覚です。

この世の中はピラミッド型の社会。上のほうにいるお金持ちの数は少なく、社会の下半分を支えているのはおおぜいの貧乏人なのです。

このような社会の中の上下関係を「階層」とか「階級」とかいいます。

といっても、それは江戸時代の「士農工商」のような「身分」ではありません。身分は国家が体制を維持するためにもうけた制度で、親から子へと代々受け継がれていきます。農民の家に生まれた子どもは一生農民です。

中世の封建《ほうけん》制度（日本でいえば鎌倉時代から江戸時代）の下では、大名《だいみょう》などの封建領主が「支配する人」で、「支配される人」は領民と呼ばれました。領民は、自ら耕した土地でとれた作物を、自分では食べずに領主に納め、その残りで慎ましい生活をおくります。領主は、自分では生産労働をしていないのに、土地をもっているというだけで、領民から作物をたんまり奪《うば》い、裕福に暮らします。領民は領地にしばられていますので、その土地から出ていくことも許されていませんし、もちろん「もう農民なんか、やーめた」ということもできません。封建制は、人々の自由が制限された、とんでもなく不平等な制度です（だからときどき、一揆《いっき》が起きたのです）。

一方、私たちが暮らす現代の日本社会は「資本主義経済」によって成り立っています。別の呼び方でいうと「自由主義経済」です。

資本主義社会では、人々は自由に職業を選ぶことができますし、自由に商売をすることもできます。資本主義は自由競争と商品経済を軸《じく》とした社会なのです。

資本主義社会は、商業などで経済力をつけてきた領民が、王侯貴族などの封建領主を倒すことで生まれました。このような大きな体制の変革を「革命《かくめい》」といいますが、平民が王侯貴族を倒して、土地にしばられた農奴《のうど》を解放し、市民の政府をつくったのが「市民革命」（別の名前は「ブルジョア革命」）です。

イギリスの清教徒《せいきょうと》革命（一六四一〜六〇年）も、アメリカの独立戦争（一七七五〜八三年）も、フランス革命（一七八九〜九九年）も、ブルジョア革命でした。

さあこれで、われわれはみんな自由で平等だ。万歳！

ところが、資本主義もじつは平等ではなかったんですね。

お金のある経営者は、どんどん販売網をひろげ、設備に投資し、新しい会社を起こして、儲《もう》けを増やします。しかし、毎月お給料をもらうだけの人は、暮らすだけでせいいっぱい。節約すれば、そりゃあ貯金くらいはできるかもしれませんよ。ですが、会社を増やしてじゃんじゃん儲けているお金持ちにくらべたら、働く人の貯金なんて、すずめの涙みたいなもんです。

このように、資本主義経済には「富める者はますます富み、貧しい者はますます貧しくなる」という性質があります。弱肉強食の自由競争は、強者には有利ですが、体力や能力の低い弱者には不利に働くのです。

資本家と労働者の間には越えられない壁がある

資本主義はなんでこうなんだろうな、と考えた人がいました。特に有名なのは、一九世紀ドイツの思想家カール・マルクスです。資本主義社会は「資本家」と「労働者」という二つの階級でできている、とマルクスは考えました。

いまの感覚でいえば、「資本家」は経営者、「労働者」は従業員、ということになりますが、それは、単に、雇っている人（雇用者）と雇われている人（被雇用者）ではありません。両者の間にはけっして越えられない壁《かべ》がある。資本家と労働者という二つの「階級」は対立しているのだ！　とマルクスは考えたのです。

労働者は搾取《さくしゅ》されているのだ！　ともマルクスはいいました。搾取とは文字通り「搾《しぼ》り取る」こと。近代の資本主義社会になって、そりゃあみんな、封建領主の支配からは解放されただろうさ。でも、どうなんだい？　君たちは経済的に「搾取されている」感じはしないかい？　毎日ヘトヘトになるまで働いてさ、生活はカツカツでさ、お給料は働いた分しかもらえなくて、病気になったら「はい、さよなら」で会社をやめさせられる。金はもらってるけど奴隷《どれい》みたいなもんじゃん？　儲かった分は、労働者に行かずにぜんぶ資本家のふところに入るんだぜ。ひどくないか？

企業活動が複雑になったいま、「労働者」はともかく「資本家」という概念はたいへんわかりにくいものになりました。会社の経営者が社員の中から選ばれたり、会社の儲けは株主に配当されたりしますからね。結局、資本家って誰のことなの？

なので、ここはちょっと考え方をずらしたほうがいいかもしれません。資本家は経済を支配している人、労働者は経済に支配されている人。

これなら実感としてわかるでしょう。利潤を追求する経済の支配者は、それはもう労働者に、できるだけ安い賃金でできるだけ長時間働いてもらいたいのです。だから、一八世紀イギリスでも、明治時代の日本でも、資本家は、一二歳以下の子どもまで平気でこきつかっていました。

労働者が資本家に対抗するには

もしもあなたが労働者であるならば、あるいは将来、労働者になりそうなら、正規雇用者であれ非正規雇用者であれ、「私は労働者階級だ」とはっきり自覚したほうがいいのです。そして「上には経済の支配者がいて、私は支配されているのだ」と考えたほうがいいのです。だって、実際にそうなんだから。

経済の被支配者である労働者は、では経済の支配者、たとえばブラック企業の悪徳経営者におとなしく従わなければならないのでしょうか。

そんなことはないよ。ひとりじゃ何もできなくても、労働者がみんなで力を合わせれば悪徳経営者に対抗できる。労働条件の改善を要求できるし、お給料のアップも要求できるよ。そういう意味のことをマルクスはいったのです。

マルクスが書いて、友達のフリードリヒ・エンゲルスが序文《じょぶん》を寄せた本に『共産党宣《せん》言《げん》』というのがありますが、この本の最後の一文は「万国《ばんこく》のプロレタリア団結せよ」というものです（プロレタリアとは労働者のことです）。この言葉は、世界じゅうの労働者を勇気づけました。みんなで立ち上がれば資本家もこわくない。

現代日本にも、こういう考え方をもとにした、労働者の権利を守るための法律がちゃんとあります。働く人の組合活動について定めた「労働組合法（労組法）」、雇い主と働く人がモメたときの処理の仕方を決めた「労働関係調整法（労調法）」、働く人が健康で文化的な生活をおくるための基準を定めた「労働基準法（労基法）」です。この三つをまとめて「労働三法」といいます。

労働者の権利は、憲法でも法律でも、保障されているのです。もしあなたがブラック企業やブラックバイトで悩んでいたら、ひとりでかかえこまないで、「みんな」に相談してください。そういう人のために相談に乗る民間グループ（ユニオンなどといいます）の情報は、ネットなどにもアップされています。

ブラック企業が働く人を悩ませているのは、いまの時代だけではありません。労働三法ができたのは戦後のことで、それすらなかった時代の会社は、形はちがえど、いま以上にブラックでした。労働者の権利は、働く人たちが血みどろの闘いをして（これを「労働運動」といいます）、やっと勝ちとったものなのです。

日本のプロレタリアも団結した

日本の労働運動について、少しだけ見ておきましょう。

スタートしたばかりの資本主義社会では、企業はみんなブラックでした。労働者は低賃金で、過酷《かこく》な長時間労働をしいられていました。

「女工哀史」という言葉を聞いたことがあるでしょう。一九二五年に出版された『女工哀史』（著者は細井和喜蔵《ほそいわきぞう》という人で、彼自身も労働者でした）という本から生まれた言葉です。『女工哀史』は、紡績《ぼうせき》工場で働く女工さんたちの実態《じったい》を告発したレポートです。紡績業（綿花をつむいで糸にする仕事）や製糸業（蚕《かいこ》のまゆから糸をとる仕事）は、戦前の日本の重要な産業で、働き手のほとんどは、一〇代、二〇代の年若い女性でした。親元を離れて寄宿舎に住み、彼女たちは安い賃金で深夜にもおよぶ長時間労働をしいられていました。

鉄鉱業、印刷業、鉄道などで働く男性労働者の労働条件も厳しいものでした。とくに過酷だったのは、石炭を掘る炭鉱《たんこう》労働者でしょう。当時の石炭は、日本の工業をささえ、船や鉄道の燃料となるだいじなエネルギー源でしたから、北海道や九州を中心に、大量の労働者が炭鉱で働いていたのです。

労働者もしかし、ただ奴隷のように働いていただけではありません。

前の章で反体制運動についてお話ししましたが、労働運動も、明治のころからはじまっていたのです。労働組合のはじまりは、一八九七（明治三〇）年、外国で労働運動を見てきた片山潜《かたやません》ら数十名が、工場法（働く人を保護する法律）の制定を求めて立ち上げた「労働組合期成会」が最初です。明治三〇年代の初頭には、日本でも鉄工組合、日本鉄道矯正会《きょうせいかい》、活版工組合など、数多くの職種別組合が誕生しています。マルクスがいうように、日本のプロレタリアもほんとうに団結してしまったのです。

ですが、反体制派が体制派に全力でたたきつぶされるのと同じように、労働運動も、必ず政府の激しい弾圧《だんあつ》にあいます。資本主義国の政府は、資本主義社会の主役である資本家（経済の支配者）と手を結んでいるからです。

わかりやすい例が初期の選挙制度です。日本では一八八九年に大日本帝国憲法《けんぽう》が発布され、翌年には第一回衆議院選挙が行われますが、選挙権があるのは国に一五円以上の税金を納めている、満二五歳以上の男性だけでした。政治に参加できるのは、国にたくさんのお金を納める人（資本家階級）だけだったのです。数でいえばおよそ四五万人。当時の人口の約一パーセントにすぎません。

議会でさえこうなのです。政府が貧しい労働者に味方して、何の得になるでしょう。そんなことをしても、資本家たちの激しい突き上げを食らうだけです。多額の税金を納めてくれる資本家階級は、政府にとって誰よりも大切なスポンサーですから、その人たちの利益を優先するのは当たり前なのです。

労働運動の歴史は弾圧との闘いだった

したがって、労働運動の歴史は、弾圧との闘いの歴史でした。

明治三〇年代初頭にできた組合の数々も、一九〇〇年に制定された、組合活動を禁止する「治安警察《けいさつ》法」によって壊滅《かいめつ》的な打撃《だげき》を受け、期成会はじめほとんどの組合が解散に追い込まれます。一九〇四年には、幸徳秋水《こうとくしゅうすい》と堺利彦《さかいとしひこ》が『共産党宣言』の日本語訳を発表しますが、それも即、発禁処分になりました。

労働者の運動は、劣悪《れつあく》な労働条件の改善を雇用主に求めているだけで、そもそもは「反体制運動」ではありません。しかし、要求が受け入れられないばかりか、活動そのものが弾圧されるとなると、いやでも急進化していきます。

農民もまた、組合をつくって地主と闘いました。日本の農民の多くは、自分の田畑をもたず地主から借りた土地で作物をつくる、「小作《こさく》農」と呼ばれる人たちでした。戦前の日本の農業は、資本主義の波に洗われる一方、近代化が遅れており、半分は封建時代のままだったのです。

明るいニュースもありました。一九二五（大正一四）年には普通選挙法が公布され、満二五歳以上のすべての男子に選挙権が与えられたのです。一九二八年の最初の衆議院選挙では、働く人たち、貧しい人たちを代表する政党も、わずかですが、議席を得ています。

景気が悪化した昭和初期には各地でたくさんの労働争議や小作争議が起きました。ですが、それもいっときのことでした。普通選挙法と引き替えに制定された「治安維持《いじ》法」をタテに、労農党員や共産党員が大量に検挙される事件が起き（三・一五事件、四・一六事件)、労働運動はみるみる衰退《すいたい》、太平洋戦争に突入するころには労働運動そのものが禁止されてしまったのです。

それにしてもなぜ、政府は労働組合(労働運動)をそこまで弾圧しなければならなかったのでしょうか。じつはですね、政府がおそれていたのは、労働運動が「革命」につながって、国が倒れたらどうするんだよ、おい、ということでした。

世界じゅうの労働者に影響《えいきょう》を与えたマルクスの思想には、国家にとってはきわめて危険な「階級闘争《とうそう》」という概念が含まれていたのです。

労働者の国、社会主義国の誕生

「階級闘争」というのは、下の階級が上の階級を倒そうと闘い、体制を変えてしまうこと。先ほどお話しした「市民革命(ブルジョア革命)」は、市民が王侯貴族を倒す革命でした。だけど、階級闘争は、そこでは終わらない。今度は資本家を倒して労働者の国をつくろうぜ、とマルクス主義者たちは考えたのです。このような革命のことを「社会主義革命」とか「共産主義革命」といいます。

「社会主義」と「共産主義」は厳密《げんみつ》にいえばちがいますが（社会主義のさらに発展した形態が共産主義だと説明されます）、ほぼ同じと考えてかまいません。

だってあれでしょ、資本主義はどうがんばっても「貧富の差」が拡大しちゃうシステムなわけでしょ。じっさい、みんな貧乏で生活にあえいでいるじゃんよ。だったら資本主義というシステムそのものをやめてしまえばいい。資本主義の国を倒しちゃえばいいんだよ。よっしゃ、革命を起こして労働者の国をつくるぞ。イェーイ！

二〇世紀に入ると、マルクスの思想に影響された人々が、ほんとうに労働者を組織し、革命を起こし、国の体制を資本主義から社会主義に変えてしまいました。

そうして誕生したのが社会主義諸国です。

レーニンが主導するロシア革命を経て建国されたソ連（ソヴィエト社会主義共和国連《れん》邦《ぼう》。一九二二年に建国宣言）もそうですし、毛沢東《もうたくとう》ひきいる中国共産党によって樹立された中国（中華人民共和国。一九四九年に建国宣言）もそれです。

なんでこの二つの国で革命が起きたと思う？　それはソ連も中国も、近代化が遅れており、民衆は抑圧《よくあつ》されて、ひどく貧しかったからです。

革命前のロシアは、ロマノフ王朝という王権が権力を握る封建国家でした。中国は清《しん》王朝という王権が国を支配していて、人々は圧政に苦しんでいました。ですから、どちらの国でも、先に起きたのは、ブルジョア革命です。ロマノフ王朝を倒したロシア革命（一九一七年）の前半もそう（二月革命ともいいます）、清王朝を倒した中国の辛亥《しんがい》革命（一九一一年）もそう。だけど、できたばかりの政権は脆弱《ぜいじゃく》ですし、外国との戦争もやっていた新政府の政治はうまくいっていなかった。レーニンや毛沢東はその機運をとらえて、もっといい国をつくろうと民衆に訴えたのです。

社会主義国は、貧しい人々が苦しい労働から解放され、みんなが平等に暮らせる社会をめざして建設された国家です。資本主義の下で拡大する「貧富の差」を解消するために、社会主義国は、生産手段（農場や工場）を国営化し、市場経済を廃止《はいし》または制限し、計画経済を行いました。そして、みんなに物資がまんべんなくゆきわたり、国による社会保障制度が整った、理想の国家をめざしました。医療費や教育費を国家が負担するなど、社会主義らしい平等政策が実現したのも事実です。

しかし、社会主義には社会主義の問題点がありました。

安い物資や食料を行きわたらせるには、社会主義はいいしくみです。ですが、多様な品や贅沢品《ぜいたくひん》を手に入れたいという欲望を満たすことはできません。また、自由競争のないところでは、働く意欲もだんだん下がってきます。人間はほんと、面倒なんです。

社会主義国の暴走と破滅

また、新しい体制の下では、必ず新しい特権階級が生まれます。共産党の一党独裁という体制は幹部を堕落《だらく》させました。さらに思い出していただきたいのは「体制は反体制派を全力でたたきつぶす」という法則です。

ソ連も中国も他の社会主義諸国も、もとはといえば「反体制運動」からはじまり、民衆の支持によって設立した国家です。しかし、自らが内戦に勝利して「体制側」になったとたん、内外の激しい反発に対応しなければならなかった。

ソ連では、革命の主導者だったレーニンの没後、一九三〇年代にスターリンが政権を掌握すると、「反革命分子」を一掃《いっそう》する「大粛清《だいしゅくせい》」がはじまりました。粛清というのは、反体制勢力の人たちをいろいろ理屈をつけて処刑することです。スターリン時代の粛清の対象は共産党員から軍人、一般民衆にまで及び、ピーク時に処刑された人の数は七〇万人（一説では一三〇万人）ともいわれます。

一方、第二次世界大戦後に成立した中国では、「プロレタリア文化大革命（文革）」（一九六六～七六年）が「反革命分子」を排撃《はいげき》する粛清運動として有名です。これは失政つづきで権力を失った毛沢東がしかけた政治闘争だともいわれます。ですが、毛沢東に同調した血の気の多い若者たちは、「紅衛兵《こうえいへい》」という親衛隊を組織して、「走資派」（資本主義になびく者）の知識人や宗教者を血祭りに上げました。

資本主義社会では「社会主義者（共産主義者）」が反体制派に分類されますが、社会主義国では「資本主義になびく者」が「反革命分子」と呼ばれる反体制派です。で、体制派は、社会主義体制を守るために、彼らを容赦《ようしゃ》なく殺してしまう。

スターリン後のソ連は豊富な資源と急激な工業化によって、アメリカと並ぶほどの大国にのし上がりました。世界最大の人口をもつ中国も、世界に大きな影響を与える国になりました。しかし、計画経済を進め、体制を維持するために、人々の自由が制限され、情報が統制されたことは否《いな》めません。

社会主義の国家体制は、結局うまくいきませんでした。

後で述べるようにソ連は一九九一年に解体しました。現在の中国は、政治体制こそ共産党の一党独裁による社会主義国ではありますが、七八年には改革開放政策を打ち出して、九二年にはそれを加速、いまや実質的な資本主義経済路線にもどってしまいました。ロシアも中国も、そんなわけで国内では、また貧富の差が拡大しています。

冷戦時代には日本にも二つの陣営があった

日本の話にもどりましょう。

一九四五年、敗戦と同時に、日本の労働運動をめぐる状況は大きく変わりました。その年のうちに労働組合法が制定され、労働者の団結権・団体交渉《こうしょう》権・ストライキ権が保障されます。翌四六年には労働関係調整法が、四七年には労働基準法が制定され、労働問題を専門に扱う労働省も設置されました。これは日本の占領政策を担うGHQ（連合国軍最高司令官総司令部）が、日本の民主化政策の一環として、組合運動を後押ししたためです。

その結果、労働者の権利意識は高まり、組合や組合員の数も激増しますが、しかしタナボタ式に手に入った権利には思わぬ落とし穴がある。五〇年前後からGHQはてのひらを返したように、労働運動を抑圧する側にまわります。

GHQが（ということはアメリカが）警戒《けいかい》したのは世界の「共産主義（社会主義）化」でした。朝鮮《ちょうせん》半島の統治権をめぐってアメリカとソ連の対立が激化し、一九五二年に朝鮮が分裂。大韓民国（韓国）と、社会主義の国・朝鮮民主主義人民共和国（北朝鮮）に分かれたことも、日本政府やアメリカ政府を警戒させたのです。

日本でも革命が起きたらどうすんだ！　というわけです。

二〇世紀の後半は「東西冷戦の時代」と呼ばれます。

ソ連と、ソ連の介入によって誕生した東ヨーロッパの社会主義諸国は、世界地図の東側に位置していたため、「東側」と呼ばれました。一方、資本主義の国であるところのアメリカ合衆国や西ヨーロッパ諸国は「西側」です（日本も西側です）。

アメリカを中心とした西側がNATO（北大西洋条約機構）で軍事同盟《どうめい》を結べば、ソ連を中心とした東側はWTO（ワルシャワ条約機構）でそれに対抗する。宇宙開発競争から核開発競争まで、米ソは何かと対立し、競い合うようになります。それでも直接的な戦争にはならなかったので「冷戦（冷たい戦争）」と呼ばれるのですが、一触即発《いっしょくそくはつ》の事態や代理戦争は、ベトナム戦争をはじめ何度となく起こっています。

冷戦時代には、それのミニチュア版とでもいうか、西側諸国の議会でも、資本主義を支持する（資本家寄りの）政党と、社会主義的な政策も取り入れようとする（労働者寄りの）政党の「二つの陣営」が競い合うようになります。イギリスの保守党と労働党がそのひとつの例でしょう。

日本はどうだったでしょうか。

二〇世紀後半の日本の議会にも、資本家寄りと労働者寄りの「二つの陣営」ができました。自民党（自由民主党）と社会党（日本社会党）です。

一九五五年に自由党と保守党が合併《がっぺい》して自由民主党（自民党）になり、同じ年に右派と左派に分裂していた社会党が再び合体。政権を担当する政党を与党、それ以外の党を野党といいますが、このとき以来、日本の議会は、「与党は自民党。野党第一党は社会党」という形が長く続きました。これを「五五年体制」と呼びます。

選挙で常に過半数をとり、常に与党であった自民党に比べ、万年野党と揶揄《やゆ》される社会党の議席数は自民党の半数程度でしたから、両者の力は拮抗《きっこう》していたわけではありません。それでも、社会党は労働者や生活者にやさしい政策をかかげ、野党第一党として自民党の暴走《ぼうそう》を止める役割を果たしました。

両党のちがいは、支持母体の差にあらわれています。

自民党の支持母体は、大企業の経営者たちで結成された経団連（経済団体連合会）、同じく企業の経営者たちが集まった経済同友会、中小企業の経営者の集まりである日本商工会議所など。一般に「財界」と呼ばれているのは、以上三つの経営者団体と、そのメンバーのことです。農家を統合する農協（農業協同組合。現在のＪＡ）、医師でつくる日本医師会なども自民党の強力な支持基盤《きばん》でした。

一方、社会党の最大の支持母体は、労働組合（労組）の全国組織、五〇年に結成された総評（日本労働組合総評議会）です。総評には、公務員の組合である自治労（全日本自治団体労働組合）、学校の教職員でつくる日教組（日本教職員組合）、国鉄の職員でつくる国労（国鉄労働組合）などの組合が所属し、社会党の活動をバックアップしました。

またここから社会党の議員になる人たちもいました。

労働運動の話にちょっともどると、戦後の日本の最大の労働運動は、一九五九〜六〇年の「三池《みいけ》争議」でしょう。これは三井財閥が経営する福岡県の三池炭鉱で起きた労働争議で、会社が五〇〇〇人近い労働者を解雇したのが発端《ほったん》でした。主要なエネルギーが石油にかわったため、日本の石炭はもうあまり必要ではなくなっていたのです。しかし、クビを切られた労働者はたまりません。労働組合は無期限ストライキ（仕事をしないこと）に入り、会社もこれに対抗してロックアウト（労働者を職場に入れないこと）を決行。社会党や総評の人たちをはじめ、三池には日本じゅうの労働組合の人たちが応援のために集まって、両者の対立は一年近くも続きました。「総資本と総労働の対決」といわれるほど、それは大きな争議でした。

しかし、激しい労働運動は、これが最後でした。日本はその後、高度経済成長期に入って、労働者の生活も少しずつ豊かになっていったからです。

五五年体制は社会主義的な資本主義

五五年体制下の日本は、よくも悪くも「安定した時代」でした。

六〇年代の高度経済成長期から八〇年代のバブル期くらいまで、貧富の差が小さかったことがその証拠です。戦後、労働基準法など、労働者の権利を守る法律がつくられたのは先に述べた通りですが、それだけではなく、日本の企業は、生産性を上げ、労働者の生活をそれなりに守る、独特のしくみをもっていたのです。
①終身雇用制（企業が労働者を六〇歳などの定年まで雇用する）
②年功序列型賃金（勤続年数が長いほど賃金が上がる）
③企業別労働組合（企業ごとに組合をつくる）
の三つがそれです。戦後の企業は賢《かしこ》くなり、労働運動をいたずらに弾圧するより、労働者をうまく手なずけて生産性を高めたほうが得《とく》じゃん、と考えたわけです。

こういう企業に就職すれば、労働者（従業員）はいちおう一生安泰《あんたい》です。長く勤めれば、労働者（従業員）の愛社精神が芽生え、会社への帰属意識も高まります。ですので、労働運動もセレモニー化し、毎年春の「春闘」などで賃上げを要求し、経営側と交渉して折り合いをつけるのが、組合のおもな活動となりました。

西側陣営に属する戦後の日本は、もちろん資本主義の国ですが、政府が経済に介入する度合いが高かった点で、意外と「社会主義的」な側面ももっていました。

国民生活に影響の大きい分野は、三公社（国鉄・専売公社・電電公社）、五現業（郵政・造幣《ぞうへい》・印刷・国有林野・アルコール専売）と呼ばれ、国営に近い形態で運営されていました。景気が悪くなれば、政府は道路工事などの大型公共事業を次々に行って、雇用を生み出し、失業者を減らしました。このころは税収が多かったので、国民皆保険や国民皆年金のような社会福祉制度も徐々に整い、累進課税《るいしん》（所得の高い人ほど税金も高くする制度）によって、貧富の差は縮まっていきました。

マルクスは資本家と労働者の間に、ある程度生活が安定した中間層（中産階級または小市民。プチブルジョアジーともいいます）という階級があると述べ、資本主義が続けばいずれ中間層は消滅するだろうと予言しました。中間層は中小の自営業者・官僚・知的労働者などを指しますが、戦後の日本は、生産力が上がり社会主義的な政策を取り入れたことで、サラリーマンなどの中間層が増大したのです。

そんなわけなので、資本家階級を代表する自民党と、労働者階級を代表する社会党はタテマエ上は「対立」していましたが、水面下では上手に役割分担し、それぞれの階級の要求を主張し合うことで、いわば「共存」していたのです。

「資本主義VS社会主義」は二〇世紀の図式

しかし、どんなに強固に見える体制も永遠ではありません。

五五年体制は、二〇世紀の末に終わりを迎えます。それはちょうど、東西の冷戦構造の終わった時期と重なります。

一九八〇年代に入ると、まずソ連の支配下にあった東ヨーロッパ諸国の中から民主化運動（とは独裁政権下の反体制運動といいかえることもできます）の波が起き、ポーランド、ハンガリー、東ドイツ、チェコスロヴァキア、ルーマニアなど、各国で社会主義体制は終わりを告げました。

ソ連では、八五年に最高指導者の座についたゴルバチョフが、チェルノブイリ原発事故（八六年）をきっかけにグラスノスチ（情報公開）やペレストロイカ（改革）といった民主化政策を打ち出し、「ソ連も変わったじゃん」と思わせましたが、さしものゴルバチョフも国内の独立運動を抑えることはできなかった。九一年、ソ連はついに崩壊《ほうかい》し、ロシア、ウクライナほか一五の共和国に分裂しました。

一方日本国内でも、九三年に細川護熙《ほそかわもりひろ》を首相とする非自民八党連立政権が誕生し、五五年体制が終わりを迎えます。自民党は紆余曲折《うよきょくせつ》を経ながら、その後も勢力を保ち続けますが、社会党は事実上解体して社民党（社会民主党）というミニ政党となり、労働組合をまとめていた総評も八九年に解散、他の労働団体と合併して連合（日本労働組合総連合会）という穏健《おんけん》な組織に変わりました。

資本主義にもいろいろある

単純にいっちゃうと、資本主義は「自由」を、社会主義は「平等」を重んじる経済のしくみです。自由とは「自分のしたいようにしたい」、平等とは「みんなが同じでなければ」という思想ですから、じつは両立させるのがむずかしい概念なのです。

ソ連という社会主義国の消滅は、西側諸国（自由主義経済圏）を堕落させたのではないかと私は思います。革命が起きては困ると思えばこそ、西側の政府は「平等」を重んじる政策をとり、福祉を充実させ、労働者の暮らしを安定させようとしてきました。しかし、社会主義はもう敵ではないと思えば、あとはやりたい放題です。金持ちを優遇《ゆうぐう》しようが、貧乏人が困窮《こんきゅう》しようが、格差が広がろうが、おかまいなし。

では、マルクスが説いたような「資本家VS労働者」の図式に、もう意味はないのでしょうか。いえいえ、そうでもありません。冷戦の（あるいは五五年体制の）時代に増大した中間層はいつのまにか大きく減り、現在の経済はまた「マルクスのころ」に近づいているからです。

社会主義が失敗した以上、これからの世界は当面、資本主義で行くしかありません。ですが、資本主義にもさまざまなやり方があるのです。

たとえばケインズ経済学。ケインズというイギリスの経済学者が唱えた学説なのでこう呼びますが、恐慌《きょうこう》（ものの価格が暴落し、大量の失業者が出るなどの現象）などが起こったとき、マルクスが「だから資本主義なんかもうやめちゃおうぜ」と提唱したのとはちがい、ケインズは「政府の手で欠点を補えば、資本主義はまだ使えるさ」と考えました。

ケインズ経済学の特色は「大きな政府」です。

ケインズは、政府が積極的に市場に介入すべきだといいます。一九二九年の世界恐慌で、経済がどん底まで落ち込んだとき、アメリカのルーズベルト大統領は大々的な「財政出動」を行いました。財政出動というのは、国のお金をじゃんじゃん出して、公共事業を行うこと。国が仕事をつくって、雇用を増やそうというのです。仕事にありつけば、人々も安心してものを買うことができますから、経済はまた回りはじめます。

「大きな政府」はまた、第二次大戦後の福祉国家（社会保障制度が整った国）への道を開きました。五五年体制下の日本も、これに近い方針の国でした。

ただし、ケインズ流の政策はどうしても国の財政を圧迫します。また規制が多いため、非効率的で、特定の業者の利権が発生します。「大きな政府」は、そんなわけで、八〇年代の終わりころから流行《はや》らなくなりました。

二一世紀は「新自由主義VS社会民主主義」

二一世紀の世界には、大きく二つの潮流があります。

ひとつはアメリカ型の「新自由主義経済（ネオリベラリズム）」です。

これはケインズの考え方とは逆に、政府の介入を最小限に抑え、市場での自由競争を徹底させる政策のこと。「小さな政府」とも「市場原理主義」とも呼ばれます。八〇年代のイギリスのサッチャー政権や、アメリカのレーガン政権が推進《すいしん》者として知られます。

新自由主義経済の下では「民営化」と「規制緩和《かんわ》」が進められます。ガス、水道、電気、通信、鉄道、航空などが民営化され、イギリスでは規制緩和によって金融《きんゆう》部門への外国資本の参入も認められました。自由競争が進んで、効率が上がる、価格が下がる、サービスが向上するなど、新自由主義的政策にはたしかにメリットがあります。が、いいことばかりではない。競争に勝つために企業は、人件費を減らし、赤字部門を切り捨てます。また自由競争は大企業に有利に働きます。

新自由主義経済の弊害として、もうひとつ見逃せないのは福祉政策の後退です。「小さな政府」は「緊縮財政」という政策をとります。緊縮財政は「財政出動」とは反対に、国のお金をなるべく出さないようにすることです。ですので、医療費や年金など社会保障費の自己負担額は増え、貧しい人ほど大きな影響をこうむります。かつて「ゆりかごから墓場まで」と表現されたイギリスの手厚い福祉政策もこれで崩壊しました。新自由主義は「貧富の差は仕方がない」という考え方なのです。

この対極にある、もうひとつの思想がヨーロッパ型の社会民主主義（社民主義）です。社民主義は「大きな政府」に近く、平等を重んじます。

社民主義の最大の特徴は「高福祉・高負担」です。出産、保育、教育、医療、介護などの社会的サービスは国が保障する。そのかわり国民には高い税金が課せられる。たくさん稼いでいる人から税金をたくさんとり、稼ぎの少ない人の補助を増やして、貧富の差を減らすことを「所得再分配」といいます。社民主義では再分配を重視します。これにより、国民は平等にサービスが受けられるのです。

社民主義的政策をとる国としては、スウェーデン、ノルウェー、デンマークなどの北欧諸国が知られています。これらの国では、高所得者の所得税が五〇パーセントを超え、消費税も二五パーセントに及びます。が、食品などの生活必需品《ひつじゅひん》には税金をかけないなど、概して弱者にやさしい政策がとられています。新自由主義とは反対に、社民主義は「貧富の差は少ないほどいい」という考え方をとるのです。

資本家と労働者、どっちの側につく？

では、ここで質問です。

自由な競争のできる新自由主義的政策と、弱者にやさしい社民主義的政策と、あなたはどちらを支持しますか。

これは選挙の際、どの政党を選ぶかの重要なポイントとなります。新自由主義の立場をとる政党は、アメリカでは共和党、イギリスでは保守党。日本では自民党も、民進党も、どちらかといえば新自由主義寄りです。

自民党もかつては「大きな政府」の政党だといわれました。五五年体制のころです。実際には、住宅手当や休業手当など、企業が社会保障の部分を肩替わりする部分が大きかったのですが、国も、農業、文化、医療など、儲けが出にくいさまざまな分野に補助金を出していました。今日、それらはのきなみカットされる方向にあり、また「終身雇用、年功序列賃金」というシステムが崩れたいま、政府同様、企業にも社会的なサービスを期待するのはむずかしくなっています。

民営化や規制緩和は中曽根康弘《なかそねやすひろ》政権（一九八二～八七年）のころから徐々に進められてきましたが、小泉純一郎《こいずみじゅんいちろう》政権（二〇〇一～〇六年）以降、自民党ははっきり新自由主義経済の方向に舵《かじ》を切りました。「構造改革」とは、そのことをいうのです。

民営化政策の結果、八五年に電電公社が民営化されてNTTになり、八七年には国鉄が分割民営化されてJR各社に変わりました。道路公団、専売公社なども、現在では民営化され、一企業と同じように活動しています。

規制緩和としては、大規模小売店法が廃止されて（〇〇年）、大規模なスーパーや大型ショッピングモールが出店しやすくなったり、労働者派遣事業法が改正されて（〇六年）派遣社員が雇いやすくなったり、タクシー料金が自由化されたり、バスや飛行機といった運輸業へ新規参入しやすくなったりしました。

しかし、大企業にとって好ましい制度が、働く人や中小企業にとってよい制度とはかぎりません。国鉄が民営化されてJRの経営は改善されましたが、赤字路線が廃止され、僻地《へきち》の足は奪われました。大店法の改正で郊外のショッピングモールは盛況ですが、駅前の商店街はすたれてシャッターを下ろした店ばかりになりました。

社民主義をかかげる政党は、北欧諸国のほか、ドイツの社会民主党やフランスの社会党など、ヨーロッパ各国ではひとつの勢力になっています。

日本では、社民党、共産党、などが、社民主義的な政策をいちおうかかげていますが、大きな支持を集めるにはいたっていません。二〇〇九〜一二年に政権を担った民主党も、高校の授業料無償化《むしょうか》など、一部は社民主義的な政策を実現しましたが、当初の目玉だった「子ども手当て」は財源の壁にぶつかって挫折《ざせつ》しました。

「高福祉・高負担」の社民主義は、政府と国民の間に、強い信頼関係がないと成り立ちません。日本では、いまのところ、この条件が欠けているのです。だって収入の二〇パーセントとか五〇パーセントとかの税金を納めるんですよ。この政府は私たちの社会保障のために税金をちゃんと使ってくれるという信用がなければ、そんな大金、とうてい預けられるものではありません。政治不信が強く、政治資金の私的流用がしょっちゅう問題になるような日本では、まだ無理でしょう。

それでも、あなたには、考えてほしいのです。自由と平等の、どちらを重んじるべきか。貧富の差は、仕方がないのか、できるだけ解消すべきなのか。強者が活動しやすい社会と、弱者にやさしい社会と、どちらが好ましいか。

資本主義の初期段階とはちがい、二一世紀の資本主義社会には、マルクスがイメージしたような「資本家」は目に見える形では存在しません。働き方が多様化し「労働者」のあり方も一様ではなくなりました。ですが、「階級」という概念はいまなお有効でしょう。自分は誰の味方でいたいのか。上半分の資本家や富裕層と、下半分の労働者や貧困層と、どちらの側につくのか。そして、あなたやあなたの家族はどの階級に属しているのか。それは政治を考えるときの大切な指標なのです。

第3章

二つの思想：右翼と左翼

「右翼」も「左翼」も反体制思想だった

資本家と労働者。これは経済的な優劣を縦軸《じく》にとった「上下の差」でした。しかし政治を考えるにはもうひとつ、横軸方向に座標をとった「左右の差」も気になりませんか。そうです。「右翼」と「左翼」です。

ちなみに辞書（『大辞泉』）では次のように説明されています。

「右翼」とは〈保守的または国粋《こくすい》的な思想、立場〉。

「左翼」とは〈社会主義・共産主義・無政府主義などの革新《かくしん》的な思想〉。

ふうむ、わかったような、わからぬような。『広辞苑　第六版』はどうかな。

「右翼」とは〈（フランス革命後、議会で議長席から見て右方の席を占めたことから）保守派。また、国粋主義・ファシズムなどの立場〉。

「左翼」とは〈（フランス革命後、議会で議長席から見て左方の席を急進派ジャコバン党が占めたことから）急進派・社会主義・共産主義などの立場〉。

右翼、左翼の話題が出ると、必ず「フランス革命後の議会で……」という説明をしたがる人がいるんですけど、ま、語源の話はどうでもいいです。

さて、あなたは右翼と左翼、どちらがお好みですか。わからない？　そりゃそうですね。え、どちらも嫌い？　ごもっとも。困ったことに、右翼も左翼も、いまや相手を罵倒《ばとう》するための用語です。ネットなんかで目にするのは「ネトウヨ（ネット右翼）は引っこめ」とか「反日サヨクは日本から出て行け」とか、そんな罵詈雑言《ばりぞうごん》ばっかり。そして、みんな、人のことは右翼だ左翼だと決めつけるくせに、自分が右翼、左翼と呼ばれると怒りだします。そして、みなさんおっしゃるのです。「ワタシは右翼でも左翼でもない。中立だ」。「世の中全体が右（左）に寄っているので、ワタシが左（右）に見えるだけなのだ」。

やれやれ、まったく。

コペルニクスという一五世紀後半から一六世紀前半の天文学者をご存じですよね。そうです。太陽が地球の周りを回っているという「天動説」に異《い》を唱《とな》え、太陽の周りを地球が回っているのだという「地動説」を唱えた人です。自分が社会の真ん中だ、といいたがる人は、コペルニクス以前の世界観の中で暮らしているのでしょう。何度もいいますが、政治な立場に「中立」はないのです。

かつての右翼や左翼は、そんないまどきのヘタレなウヨク、サヨクとはわけがちがいました。彼らは自分が右翼、ないし左翼であることに誇りを持っていました。人によっては（けっして奨励《しょうれい》はしませんが）右翼思想や左翼思想と心中《しんじゅう》してもいいと考えていました。思想って、そういうものなんです。

しかし、右翼も左翼も一般市民から敬遠される存在だったのは事実です。理由は簡単。右翼思想も左翼思想も、現状をよしとしない「反体制思想」だったからですね。右翼も左翼も、あなたが思っているほどチンケなものではないのです。

右翼と左翼の源流は明治

右翼も左翼も近代（明治以降）に生まれた思想です。

辞書がいっているように、そのエッセンスを取り出せば、右翼とは国粋主義者、左翼とは社会主義者（共産主義者）といっていいでしょう。

国粋主義とは「わが国（わが民族）が世界でもっともすばらしいのだ」と信じる考え方のことです（英語でいえば、ウルトラナショナリズム）。

社会主義または共産主義とは「資本主義を倒して、階級のない平等な社会をつくるのだ」という考え方のこと（英語ではソーシャリズムまたは、コミュニズム）。第2章でとりあげたマルクス主義がまさに左翼思想です。

とはいえ、日本には日本の右翼、左翼の伝統があって、言葉の定義をほじくっても、あんまり意味はありません。ここはしばし、右翼や左翼がどんな運動をしてきたかを見てみましょう。話は明治のころにさかのぼります。

右翼思想のルーツをたどると、明治三〇年代、日清《にっしん》戦争後の「日本主義」あたりに源流のひとつがあるように思われます。日本主義っていうくらいで、これは明治二〇年代の欧化主義への反発から生まれた思想でした。なにが鹿鳴館《ろくめいかん》じゃ、バカヤロー。西欧にひれ伏してんじゃねーよ、日本には日本の歴史と伝統があるだろうが。

日清戦争は、朝鮮の支配をめぐって、清（中国）との間で戦われた戦争です。これは近代の日本がはじめて外国と戦った戦争でしたが、下手《へた》に勝っちゃったものだから「お？　俺ら、けっこういけるじゃん」ってなことになったのでしょうね。

右翼思想は、なんせ国粋主義ですから、西洋文化のまねをしたり、西洋の思想がはびこるのを嫌って、「日本らしさ」の側に引き戻そうとします。あと、強い日本が好きなので、戦争に勝ったりすると盛り上がります。

一方、左翼思想は、右翼が嫌う西欧から輸入されました。源流をたどれば明治初期の「平民主義」や自由民権運動も、広い意味での左翼思想に含まれるかもしれませんが、社会主義が流行したのは、日露《にちろ》戦争後の明治四〇年代です。

あの『共産党宣言』を訳した幸徳秋水《こうとくしゅうすい》と堺利彦《さかいとしひこ》が、一九〇三（明治三六）年につくった平民社が、初期の社会主義者のグループです。とはいえ彼らも、いきなり革命だ！とかいうんじゃなく、日露戦争に反対して平民社をつくったのです。日露戦争は朝鮮と満州（中国東北部）の支配をめぐって、ロシアとの間で戦われた戦争ですが、日本人がはじめて反戦に目覚《めざ》めた戦争でもありました。いい気になってんじゃないよ、そんなに戦争がしたいのかよ、清の次はロシアかよ、いい加減にしろよ。

明治期には右翼、左翼という言葉はなかったか、あっても普及《ふきゅう》はしていませんでした。しかし、初期の右翼が戦争に賛同し、左翼が戦争に反対したっていうのは、今日の右翼、左翼にも通じるところがあります。

天皇を崇拝するか打倒するか

日本の右翼と左翼の最大のちがいは、天皇に対する考え方でしょう。天皇を中心とした体制のことを、右翼ないし体制の用語では「国体」と、左翼用語では「天皇制」といいます。

日本の伝統を重んじる右翼にとって、天皇はもっとも崇拝《すうはい》すべき存在です。

右翼の人たちは、日本という国を絶対と考える国粋主義者ですが、同時に天皇教の信者でもあります。日本の神話を記した『古事記』『日本書紀』によれば、天皇は「天照大神《あまてらすおおみかみ》」の子孫で、万世一系《ばんせいいっけい》（永久に続くひとつの血筋）の神の子なのです。なので彼らの理想は、日本を「天皇を中心とした神の国」にすることです。

左翼の考え方は正反対です。

左翼の人たちから見れば、天皇は打倒すべき存在です。平等を重んじる左翼にとって、特権階級の権化《ごんげ》みたいな天皇など、ぜったいにあっちゃいけないのです。

だからなかには、天皇の暗殺を企てた人もいました。社会主義運動は、機関誌が発禁処分《しょぶん》にされたり、集会を禁じられたり、メンバーが投獄《とうごく》されたり、いつも弾圧《だんあつ》されていましたから、若い衆にはイライラがつのっていた。こんなの許せない！　天皇に爆弾テロをしかけて、人々の目を覚まさせてやる！　この時代の刑法には「大逆罪《たいぎゃくざい》（天皇一族に危害を加える罪）」や「不敬罪（天皇一族の名誉《めいよ》を害する罪）」というものがあり、テロを計画するだけでもたいへん危険だったのですが。

一九一〇（明治四三）年に起きた「大逆事件」と呼ばれる事件では、数百人が検挙《けんきょ》され、一二人が処刑されました。暗殺を計画しただけで実行にはいたらなかったうえ、じつは計画とは無関係だった平民社の幸徳秋水も処刑されたのですから、まあ、でっちあげられた犯罪です。だけど、ほら、政府にしてみたら、社会主義者は体制をゆるがす「反体制派」ですからね。冤罪《えんざい》だろうがなんだろうが、少しでもチャンスがあったら、それはもう徹底的にたたきつぶすのよ。

左翼運動は、平民社の後も、大正時代に日本共産党（いまに続く共産党のルーツです）や労働者農民党（労農党）が結成され、それなりに勢力を拡大していきます。だからこそ体制側は警戒《けいかい》したのです。

一九二三（大正一二）年の関東大震災の直後にも、大杉栄《おおすぎさかえ》ら左翼の活動家が警察官によるリンチで殺害されています。二五（大正一四）年には、普通選挙の実施とひきかえに、「治安維持《いじ》法」という、左翼（社会主義者）を取り締まるための法律までつくり、二八（昭和三）年には共産党員の大量検挙事件が起きました。ちなみにこの法律は、後に左翼だけでなく、政府に批判的な人をかたっぱしから逮捕《たいほ》するための、便利なツールになっていきます。

左翼グループは、戦前の日本政府にとっては国内最大の敵、もっとも憎むべき反体制派でした。「天皇制の打倒」と「労働者と農民による平等な国をつくろう」が彼らの目標だったのですから、当然かもしれません。今日でも体制派の人はだいたいみんな左翼が嫌いですが、これは戦前からの伝統でしょう。

戦前の日本は「頭のおかしい右翼の国」

そうそう、天皇の話でした。

では明治政府の天皇観とは、どのようなものだったのでしょうか。

天皇に対する明治政府の考え方は、じつは右翼に近いものでした。大日本帝国憲法《けんぽう》も第一条で「大日本帝国ハ万世一系ノ天皇之《これ》ヲ統治《とうち》ス」（日本を統治するのは天皇だ）と定めていましたし、国民を統治し、体制を維持するために、明治政府は天皇の権威《けんい》をたくみに利用しました。徳川《とくがわ》時代の体制が「幕藩《ばくはん》体制」なら、明治から昭和戦前期の体制は「天皇を中心とした神の国」だったのです。

幕末の志士がかかげたスローガンが「尊皇攘夷《そんのうじょうい》」だったことを、覚えていますか？尊皇とは天皇を誰《だれ》よりも敬うこと、攘夷は外国の侵入を拒《こば》むことですから、明治政府をつくった思想が、そもそも元祖・右翼思想みたいなものだった。左翼が弾圧されたのとは反対に、右翼思想はやがて政府の中枢《ちゅうすう》を動かす思想となっていきます。

しかもそれはどんどんエスカレートしていった。昭和に入ってからの日本は、いっちゃなんですが、もはや「頭のおかしい右翼の国」です。

天皇は神格化されて「現人神《あらひとがみ》」と呼ばれ、政府は天皇を神と崇《あが》める「国家神道《しんとう》」を国民に信じさせました。「神道は宗教ではない（国家の祭祀《さいし》だ）」というのが政府の理屈でした。伊勢神宮《いせじんぐう》を頂点とする神社は、だから宗教施設ではなく公的機関でしたし、戦死した軍人は英霊《えいれい》と呼ばれて、招魂社《しょうこんしゃ》（現在の靖国《やすくに》神社）という公的機関に祀《まつ》られ、学校では天皇家のルーツを記した神話を歴史として教えました（これを「皇国《こうこく》史観教育」といいます）。いまの感覚だと、まるでカルト宗教国家です。

では、右翼思想の持ち主が体制に満足していたかというと、そうでもなかったのですね。左翼の人たちが、労働争議や小作争議で騒ぎを起こして政府と対立していたのと同じころ、右翼の人たちも極端《きょくたん》な行動に出ます。

右翼とつるんでテロに走った青年将校

左翼の人たちが争議を起こした背景には、経済の問題がありました。昭和初期の日本はおりからの恐慌《きょうこう》で、中小企業は次々倒産するわ、失業者は増えるわ、賃金《ちんぎん》は支払われないわ……都市の人々の生活はたいへん悪化していました。農村は農村で、激しい不況に襲《おそ》われ、デフレで農作物の価格は下がるわ、東北地方の凶作《きょうさく》が重なって欠食児童は増えるわ、娘の身売りが横行《おうこう》するわ……。

こんなとき、近代的な教育を受けた若者たちは、考えます。

これは、なんだよ。この窮状《きゅうじょう》を救えない政治ってなんなんだよ。見ろよ、政治家は腐《ふ》敗《はい》しきっているじゃないか。世の中まちがってる。われわれの手で変えてやる！

こう考えるところまでは、じつは右翼も左翼も同じです。こんなことを考えること自体、とっても反体制的でしょう？

それで左翼は弾圧されながらも、さまざまな活動をくりひろげていたわけですが、右翼的な発想から「世の中を変えてやる！」と考え、それを行動に移しちゃったのは、なんと軍のエリートである青年将校《しょうこう》たちでした。

中学を出て、士官《しかん》学校（陸軍士官学校や海軍兵学校）で学び、若くして士官（将校と呼ばれる偉いさん）になった彼らは、この時代の若者のエースです。しかも、士官学校では学費が免除《めんじょ》され生活費が保障されるので、貧しい家の子が少なくなかった。つまり、貧しい人々の暮らしを心配する気持ちは左翼の若者たちと同じでした。おまけに士官学校は「皇国史観教育」を徹底して行いますから、天皇に対する崇拝の念は人一倍強かったでしょうし、正義感も強かったでしょう。

それが高じて、国を憂《うれ》えた青年たちは、政府や財界の要人を襲撃《しゅうげき》し、目を覚《さ》まさせる作戦に出たのです。政治を見る目が、素朴《そぼく》というか純粋《じゅんすい》すぎたのでしょうね。天皇を中心とした国といったって、それはタテマエで、実際の政治を行っているのは政治家なわけじゃない？　それが彼らには許せなかった。天皇に直接政治をやっていただけば世の中が変わる、と思っちゃったんだな。

で、民間の右翼団体とも結託《けったく》し、彼らはテロを決行します。右翼団体が井上準之助《いのうえじゅんのすけ》前大蔵大臣らを射殺した血盟団《けつめいだん》事件（一九三二〔昭和七〕年）。これに刺激された海軍の青年将校らが犬養毅《いぬかいつよし》首相を暗殺した五・一五事件（同年）。陸軍の青年将校たちにいたっては、海軍に負けるなとばかり一五〇〇人近くもの兵士を決起させ、高橋是清《たかはしこれきよ》大蔵大臣や内大臣など四人の要人を殺害、国会議事堂や官邸《かんてい》を占拠《せんきょ》してしまったのでした。これが一九三六（昭和一一）年に起きた、有名な二・二六事件です。

すごいでしょ。総理大臣や大蔵大臣を殺しちゃうんですよ。四日間も続いた二・二六事件なんてもう、反乱軍による完全な軍事クーデターです。

政府も軍の要人も頭を抱えたでしょう。あいつらは、バカか。軍人が大臣を暗殺するって、おまえ、ありえねーだろ。どうやって責任とるんだよ。首謀者《しゅぼうしゃ》を処刑したくらいじゃ追いつかないだろうが。どうしてくれるんだよ。

二・二六事件では、戒厳令《かいげんれい》がしかれ、軍隊が出動して反乱軍は鎮圧《ちんあつ》され、一七人が処刑されました。ただ、軍は国の組織、軍人は身内ですからね。処分は甘く、左翼運動を撲滅《ぼくめつ》するようには、右翼運動を制圧できませんでした。結果、軍部の発言権はどんどん強まっていきました。そして、政府への不満が募《つの》っていた人々の間には、二・二六事件で決起した青年将校たちをカッコイイ、ヒーロー（義人）だ、とみなすムードが広がっていくのです。左翼とちがって右翼思想は人気があったんです。

戦争の理由にされた大アジア主義

天皇への崇敬と並んでもうひとつ、右翼思想の重要な柱をあげておきましょう。

それは「大アジア主義」です。これは「アジア諸国が連帯して、西欧列強の侵略《しんりゃく》に対抗しよう」という考え方で、明治時代から唱えられていたものです。

強い西欧にアジアが一丸となってたちむかう。一見すると真っ当です。

しかし、国家権力はそんなにかわいくはありません。大アジア主義は為政者《いせいしゃ》に都合のいい思想なんです。日本がアジアを西欧列強から救ってあげる、という大義名分があれば、日本軍は大手をふって大陸に進出できるではありませんか。

じっさい、日清戦争も日露戦争も、明治政府が大アジア主義を自分に都合よく解釈してしかけた戦争でした。日清戦争に勝った日本は、朝鮮半島から清国を排除して、韓国（大韓帝国）が独立国であることを認めさせました。しかし、同時に、台湾を植民地にしていますし、結局、日露戦争の後の一九一〇（明治四三）年には「未熟な韓国をわれわれの保護下において、発展させてあげるといってるんですよ。なにか文句ある？」という理屈で、韓国も植民地にしてしまったのです。

こういう人たちに権力を与えたら、ほんとにいけません。

昭和に入ると軍はますます図に乗って、アジアのリーダーである日本がアジア全体を支配するのだ、という誇大妄想《こだいもうそう》な夢をもつようになります。

五・一五事件のあった一九三二（昭和七）年には、日本は満州事変をきっかけに、中国東北部に、日本が自由にあやつれる「満州国」を建国しました。

さらに、二・二六事件の翌年、三七（昭和一二）年には、盧溝橋《ろこうきょう》事件をキッカケに、宣戦布告《せんせんふこく》をしないまま北京《ペキン》、天津《てんしん》、上海《シャンハイ》などに攻撃をしかけ、日本は大量の兵隊を中国に送ります。中国側は重慶《じゅうけい》に拠点を移して抗戦しますが、中国の主要な都市のほとんどは日本軍の手に落ちてしまった。そして四一（昭和一六）年、日本はハワイの真珠湾《しんじゅわん》を攻撃し、大東亜戦争（太平洋戦争）に突入していったのです。

大東亜戦争という呼び名は、この戦争が「大東亜共栄圏」という構想にもとづいていたからです。日本が指導者となってアジアの人々を欧米の支配から解放し、共存共栄をはかろうという意味ですが、彼らが視野に入れていた地域は、中国、満州、東南アジア各国から、インド、オーストラリア、ニュージーランドなどの太平洋一帯を含んでいたのですから、「正気？」と聞きたくなる。共存共栄といっても、本音はアジア太平洋一帯を日本の支配下に置きたかったのですしね。

戦争っていうと、私たちはどうしても被害者の視点で考えてしまいます。いつも聞かされるのは、空襲でおおぜいの人が死んだこととか、広島、長崎の原爆のこととかです。それも戦争の一面ではありますが、日本が戦争をはじめた理由を考えれば、日本もけっしてほめられたものではないのです。

ここまでのところをまとめておきましょう。

戦前の左翼の目標は「天皇制を打倒すること」と「労働者と農民による平等な国をつくること」の二つでした。右翼の目標は、「天皇を中心とした神の国をつくること」と「アジアを日本の支配下に置くこと」の二つでした。

どっちもけっこう過激です。しかし、政府の弾圧で左翼の夢はものの見事に粉砕《ふんさい》され、左翼は壊滅《かいめつ》的なダメージを被りました。一方、右翼の目標は、なんと政府の方針に採用されてしまいました。この差は大きい。

戦前の日本はなぜカルト宗教国家みたいになってしまったのだろう。その理由を考えるとき、私は左翼を徹底弾圧したことが関係していたと思います。そりゃあ、海のむこうでロシア革命なんかが起こっているのを見れば、政府が焦《あせ》ったのもわかります。わかりますけど、もしも右翼思想に対抗しうる別の思想にも言論の場が与えられていたら、事態はここまで悪化しなかったかもしれません。思想弾圧、言論弾圧は人々の目を曇らせる。いろんな意見が交換できない社会は、やっぱりダメなんです。

戦後の右翼と左翼はどうなった

さて、一九四五（昭和二〇）年の敗戦で、日本は「右翼の時代」から解放されました。戦争に負けた日本は、占領されてGHQの支配下に置かれ、独立国としての主権を奪われました。そしてGHQの指導の下、民主化が図られたのです。

一九四六年に天皇は「人間宣言」をして「神」ではなくなりました。翌四七年に公布された日本国憲法では、第一条で天皇は「象徴《しょうちょう》」と定められ、国家神道は解体されて、すべての神社は一宗教法人となり、政教分離が図られました。GHQの方針で、二〇〇ほどあった右翼団体はことごとく解散に追い込まれました。

日本は主権在民（国民がすべてを決定する権利を持つこと）の民主主義国家に生まれ変わりました。日本国憲法により、「思想良心の自由」「表現の自由」「言論の自由」「結社の自由」が保障された国になりました。

では、戦後の右翼と左翼はどうなったでしょうか。

右翼には冬の時代のはじまりだったでしょう。左翼にとっては、ようやくめぐってきた春だったかもしれません。戦時中は非合法組織だった共産党も正式に政党と認められ、四七年の衆議院選挙では議席を獲得しています。

ですが、右翼、左翼の考えていることは、時代が変わっても同じだった。右翼は「コノヤロー、いつかもう一度天皇を中心とした神の国をつくってやるから覚えておけよ」と思ったでしょうし、左翼はあいかわらず「チクショー、いつか社会主義革命を起こして労働者を中心にした平等な国をつくるのだ」と思っていた。

「かくあらねばならぬ」という政治的な理念のことを「イデオロギー」といいます。「天皇を中心とした神の国をつくらねば」という右翼思想はイデオロギーです。「革命を起こして労働者の国をつくらねば」という左翼思想もイデオロギーです。イデオロギーというのは、一度ハマるとなかなか抜け出せないんです。

そんなイデオロギーに凝《こ》り固まった人々から見れば、戦後民主主義はなんとも中途半端な体制だったにちがいありません。彼らの理想とはちがうしね。だけど、言論の自由は保障されているから、政治活動はできるしね。

中途半端といえば、戦後の天皇の地位も中途半端でした。戦後、天皇はもう神ではなくなったわけですが、しかし、天皇は退位しなかった。「国体は護持《ごじ》された」のです。

考えてみると、不思議です。だって、天皇の命令で、兵士は戦場に行ったのですよ。しかも天皇以外の関係者は、大量に処刑されたのです。

戦争に勝った連合国（アメリカ、イギリスなど）が、戦争に負けた日本を裁いた裁判を、極東国際軍事裁判（東京裁判）といいますが、この裁判では、東条英機《とうじょうひでき》（元首相）や広田弘毅《ひろたこうき》（元首相）ら、七人の軍人や政治家が戦争の主たる責任者（Ａ級戦犯）として絞首刑《こうしゅけい》になりました。ＢＣ級戦犯として死刑になった軍人は、下士官まで含めると一〇〇〇人もいたのですし、死刑にはならなくても、戦争に協力したという理由で公職を追われた人は民間人も含めて二〇万人もいたのです。

それなのに、天皇に責任はない？　ほんとうなの？

ここには、大人の判断があったんだと思います。日本とＧＨＱは「取引」をしたのです。Ａ級戦犯は処刑させてもらうが、天皇制は残すから。それでオッケー？　それはありがたい。オッケーオッケー。天皇を退位させたり、まして処刑なんかしたら、日本人はパニックにおちいって、国の統治はできなくなる。ＧＨＱはそう判断したのでしょう。東京裁判はそのための手打ち、手続きだったのです。

しかし、天皇についてのこの中途半端な措置《そち》は、のちのちの論争の火ダネを残しました。「天皇に戦争責任はないよ」「いや、あるよ」が、戦後の右翼と左翼の大きな対立として、くすぶり続けることになったのです。

右派と左派の対立ポイントは自衛隊と日米安保

戦後の右翼と左翼の行動は、大きく二つのタイプに分かれます。

ひとつは、議会を主戦場とした政治活動、言論活動です。憲法で認められた体制内の政治活動ですから、右翼、左翼というよりも、もう少しやわらかく、右派、左派といったほうが適切かもしれません。

もうひとつは、議会の外での反体制的な活動です。戦後の右翼も左翼も、過激さでは戦前の右翼左翼に負けてはいなかったのです。

体制内（議会内）の右派と左派の対立から先に見ていきましょう。

戦後の議会には、自民党（自由民主党）と、社会党（日本社会党）という「二つの陣営」があったことは前の章でお話ししました。このような議会内の体制を、五五年体制と呼ぶこともお話ししましたよね。五五年体制下の議会では、自民党（右派）は「保守系」、共産党や社会党（左派）は「革新系」と呼ばれました。

経済政策以外でも、保守政党と革新政党の間には大きな対立ポイントがありました。それは自衛隊と日米安保条約（日米安全保障条約）についての考え方です。

彼らの最初の論争は「自衛隊の是非《ぜひ》」でした。敗戦で日本は軍隊をもたない国になりましたが、早くも数年後には、防衛をになう陸海空の自衛隊が組織されたのです。自衛隊ができたのは、アメリカの都合でした。一九五〇年に朝鮮戦争がはじまると、アメリカは日本に「再軍備」を求めてきたのです。それでまず警察予備隊というものができ、五五年に自衛隊に格上げします。これに左派（革新系）の人たちは怒った。自衛隊は「戦争放棄《ほうき》」を謳《うた》う憲法九条違反じゃないのか。

保守系の人たちはいいました。九条があるからって武装しなかったら、ソ連の脅威《きょうい》からどうやって国を守るんだよ。ソ連に攻められたら日本は共産主義国になるんだぞ。日本国憲法も自国の防衛までは禁じていないよ。

革新系の人たちはいいました。ソ連がいつ攻めてくるんだよ。自衛隊は憲法違反だよ。

たとえ自衛のためでも軍はもつべきではないよ。

当時の社会党が唱えていたのは「非武装中立論」でした。いっさいの軍備をもたず、攻めてきたけりゃどうぞ攻めてきてください、という考え方です。最近ではほとんど聞かなくなりましたね、非武装中立。共産党はちょっとちがって、軍備そのものは否定していません（いつか革命を起こさなくちゃいけないからね）。ですが、自衛隊は憲法違反だということで「即時廃止《はいし》」を求めていました。

もうひとつ、保守系と革新系で大きく意見が対立したのが日米安保条約です。この条約は「日本が攻められたらアメリカが守ってあげる」という内容の条約ですが、背景にはアメリカとソ連の対立（東西冷戦ですね）がありました。

一九五二年、日本はようやく独立国としての主権を認められ、国際社会に復帰しました。占領時代はもう終わったのですから、本来なら、このとき米軍は撤退してもよかったのです。ですが結局、米軍はそのまま日本に残りました。

アメリカの要人は考えました。今後のことを考えると、ソ連や中国に近い日本にこのまま軍事基地があったほうが便利なんだよな。ＪＡＰＡＮのみなさんよ、悪いけど、このまま基地を置かしてくんない？　そのかわり、日本が攻撃されたら、米軍がいっしょに戦って、守ってあげるからさ。オッケー？

日本の要人は考えました。そうだよな。軍備には金がかかるし、いまの日本の国力じゃ大国に対抗できないしな。アメリカに軍事を任せれば、こっちは経済復興《ふっこう》一本に集中できる。それはグッドアイディアかもしれん。オッケーオッケー。

こうして（？）一九五一年、日米安保条約は結ばれたのですが、革新系の人たちに、安保条約はたいへん不評でした。なんで米軍に基地を提供しなくちゃなんないのさ。日本は独立国じゃないのかよ。アメリカの属国かよ。……これって、ほとんど右翼がいいそうなことなんですけどね。米ソの対立が背景にあったおかげで、冷戦時代の右派と左派は、戦前とはまたちがった考えをもつようになったのです。

戦後の右翼、左翼のスローガンは、ひとことでいえば、こうなります。

右翼（右派も）は「反共（反共産主義）」。

左翼（左派も）は「反米（反アメリカ）」。

単純すぎる？　だけど、右翼や保守政党は「ソ連の脅威」が最大の関心事だったし、左翼と革新政党は「アメリカの横暴」が何より許せなかったのよ。

右翼の共産主義嫌いは、戦前からの伝統ですが、冷戦時代にはますます強化されました。一方、左翼がアメリカ嫌いになったのは、アメリカの帝国主義的性格によるものでしょう。帝国主義とは大国が強大な経済力と軍事力をバックに他国に介入することですが、アメリカはまさにそれでした。だから反米。

えっ、右翼の「天皇の国」構想はどうしたかって？ あと左翼の社会主義革命は？ 右翼も左翼も最終的な目的を忘れたわけではありません。でもまあ、それはおいおい実現させるってことで。それよりいまは反共（反米）だ！

六〇年安保が左翼と右翼の意識を変えた

戦後の右翼と左翼の活動を語るうえで、欠かせないトピックをひとつだけ紹介しておきます。「六〇年安保闘争《とうそう》」です。

ことの発端《ほったん》は、一九六〇年、岸信介《きしのぶすけ》内閣の下で、日米安保条約が改定されると決まったことでした。安保は一〇年ごとに見直される約束だったのですが、改定後の新条約は事実上の軍事同盟《どうめい》で、日本が戦争に巻き込まれる懸念《けねん》がありました。

これに強く反対したのは、もちろん左翼と革新政党です。

野党である革新政党は、もともと与党・自民党に反対するのが仕事みたいなところがありましたし、軍備拡張路線には反対の立場です。

ここに人々の不安が重なりました。なにしろ終戦からまだ一五年しかたっていない時代です。戦争の記憶が生々しい多くの日本人にとって、日本がまた戦争をはじめるんじゃないか、という危機感は大きかったのです。

そして起こったのが、六〇年安保闘争でした。

社会党、共産党など革新政党の議員や党員に加え、労働組合、学生団体、市民団体、大学教授などの知識人、それに一般市民も加わって、「安保反対デモ」はしだいに拡大します。しかし、六〇年五月、岸首相は反対の声をおしきって、新安保条約案を強行採決（話し合いの時間を十分とらずに採決すること）しました。

それが人々の怒りに火をつけた。民主主義をないがしろにするのか！　闘争はますます激化し、六月一五日には、国会議事堂前で、デモ隊と、警察、右翼団体、暴力団が衝《しょう》突《とつ》。ひとりの女子学生が死亡、多くのけが人を出すにいたります。この日、国会前を包囲したデモ隊は、主催者発表で三三万人、警視庁発表でも一三万人。ちょっとした市の人口に匹敵《ひってき》する人数です。負傷者はデモ隊と警察あわせて七〇〇人、逮捕者は二〇〇人にのぼりました。

新安保条約は成立しますが、結局、岸首相は退陣に追いこまれました。

六〇年安保は、戦後最大の大衆運動でした。為政者は内心、ふるえあがったはずです。この勢いで、共産主義革命が起きたらどうするんだよ、おい！

為政者だけでなく、安保闘争はその後の右翼、左翼にも影響《えいきょう》を与えました。

左翼が決定的な「反米」になったのは、六〇年安保がきっかけだったように思います。アンポ反対、アンポ反対とシュプレヒコールをくりかえしてごらん。そりゃあ嫌いになるよ、アメリカが。

一方、右翼の共産主義嫌いは、戦前からの伝統ですが、六〇年安保での左翼の動員力をまのあたりにし、いっそう「反共」の誓《ちか》いを新たにしたはずです。

ふたたびテロに走ったその後の右翼

一九六〇年代の日本は、高度経済成長期にあたります。「所得倍増計画」という政府のかけ声とともに、国民生活が豊かになっていった時代です。六〇年安保を最後に、大衆運動も沈静化《ちんせい》しました。生活に不満がなければ、反体制派になる必要もないからね。

しかし、それは「ゆる反体制派」の場合です。

大衆が楽しそうにしていると、過激な反体制派はムカつくのです。ったく、あいつら、呑気《のんき》に暮らしやがって。世の中、これでいいと思ってるのかよ。

一度、こういうふうに思っちゃうと、もう元にはもどれません。特に若い世代は、単純（純粋ともいいます）ですから、ときにどこまでも突っ走る。

六〇年一〇月、右翼の少年による衝撃的なテロ事件が起きました。安保闘争後初の衆議院選挙をひかえた立ち会い演説会。日比谷公会堂の演壇《えんだん》で演説をしていたのは、社会党の浅沼稲次郎《あさぬまいねじろう》委員長でした。ここに短刀を手にした少年がかけあがり、委員長に体当たりしたのです。彼は一七歳。右翼団体のメンバーでした。委員長は死亡し、少年は鑑《かん》別所《べっしょ》で自殺します。ショッキングな事件でした。

翌六一年には、また別のショッキングな事件が起きました。やはり右翼団体に属する別の一七歳の少年が中央公論社という出版社の社長宅に侵入。お手伝いさんを殺害し、社長夫人に重傷を負わせたのです。犯行の理由は、雑誌「中央公論」に掲載《けいさい》された深沢《ふかざわ》七郎《しちろう》の「風流夢譚《ふうりゅうむたん》」という小説でした。この小説は寓話《ぐうわ》的な物語でしたが、皇室をからかう内容が含まれており、右翼の中から批判の声があがっていたのです。

一七歳の少年が、左翼政党のトップを暗殺する。大出版社の社長宅を襲撃する。ふつう、考えられますか？

テロの効果は抜群でした。中央公論社は、言論攻撃を許さないと発表しながらも、事件を境に、左翼的な言論界から撤退。以来、日本のマスメディアでは、皇室批判が事実上のタブーとなったのです。このタブーは五〇年以上たった今日も解けていません。なぜかって？　もちろん、みんな右翼が怖いからです。

マスメディアや要人を標的にした右翼のテロは、もっと後の時代にも起きています。朝日新聞阪神《はんしん》支局を襲撃して二人の記者が殺傷されたり（八七年。朝日新聞阪神支局襲撃事件）、「天皇に戦争責任はあると思う」と述べた当時の長崎市長が銃撃されたり（九〇年。長崎市長銃撃事件）。

昭和の右翼の行動としては、作家の三島由紀夫《みしまゆきお》の事件も忘れられません。一九七〇年、三島は市ヶ谷の陸上自衛隊駐屯地《ちゆうとんち》で隊員たちに決起をうながす演説をし、その後、右翼団体の他のメンバーとともに割腹《かつぷく》自殺したのです。三島は自衛隊を正式な国軍にするために憲法改正をめざして自衛隊のクーデターを画策していたのだともいわれています。

どうですか。右翼が嫌いになりました？　では、左翼も嫌いになってもらおう。

暴徒と化したその後の左翼

六〇年安保後の左翼はどうなったか。

六〇年代の特に後半、もっとも派手に行動した左翼は大学生の集団です。彼らは旧左翼である日本共産党と訣別《けつべつ》したことから、新左翼と呼ばれました。

共産党はいまでこそ平和な党ですが、敗戦後しばらくは「暴力革命」を肯定し、「天皇制打倒」の看板をかかげる、かなり過激な党だったのです。しかし、彼らも大人です。一九五五年、「かつての武装闘争路線は極左冒険主義でした」と自己批判し、議会中心に戦術を改めて「体制内左翼」に衣替えしたのです。

血の気の多い学生たちには、それが許せなかった。で、六〇年安保後の学生組織は日共系と反日共系に分裂し、さらにたくさんの派閥《はばつ》（セクトと呼ばれます）に分かれて、活動することになったのです。大学民主化とかベトナム反戦とか七〇年安保延長反対とかを訴え、街頭でデモをしたり学内で教室を封鎖《ふうさ》したり。

やがて、組織にうんざりした学生たちによって、全共闘（全学共闘会議）というゆいチームが多くの大学に誕生。ついに東大では、全共闘の学生たちが安田《やすだ》講堂《こうどう》を占拠《せんきょ》するまでにいたります。大学当局は学内に機動隊を投入。学内の混乱は収拾できず、六九年の東大入試は中止になりました。

単独でテロに訴えた右翼の少年といい、徒党を組んで大学を占拠した左翼の学生たちといい、この時代の若者たちは、頭のネジが飛んだ武闘派だらけです。

七〇年代に入ると、学生運動は下火になりますが、一部の新左翼の行動はさらにエスカレートし、北朝鮮への亡命を希望してハイジャックをする（七〇年。よど号ハイジャック事件）、管理人の妻を人質にとって軽井沢の山荘に立てこもる（七二年。あさま山荘事件）、仲間同士のリンチ殺人を起こす（七二年。連合赤軍事件）、海外にまで出張して銃を乱射する（七二年。テルアビブ空港銃乱射事件）。

ここまで来ると、完全なテロリスト集団です。新左翼のセクト同士の間では、互いの活動家を殺し合う「内ゲバ事件」も多発しました。

ああいうのはごく一部の極左暴力集団の話で、大多数の左翼青年はマジメに政治を考えてたんだ、ってこの世代の人はいいますけどね。いやいやいや、内心テロを支持していた若者も少なくなかった。マジメな政治青年ほど、思いつめると危ないのよ。二・二六事件を起こした青年将校たちを思い出してみてください。どこがちがう？

今般《こんぱん》、テロといえばイスラム原理主義者の専売特許みたいに思われていますけど、日本の右翼や左翼だって、じつはそうとうなものだったのです。

政治運動のなれのはて

はい？　そんな彼らは政治に何を求めていたのか？

そうですね。そこが問題です。

昭和後期の右翼の要求の一端は、「行動右翼」「街宣右翼」などと呼ばれるグループの街宣車の文字からうかがえます。近ごろはあまり見かけなくなりましたが、黒塗りのバンにでかでかと文字を書いた宣伝カーが、大音響で「君が代行進曲」などを鳴らしながら大通りや繁華《はんか》街《がい》を行く姿を見たことがないですか？　あれが行動右翼です。それらの車のボディにペイントされている文字は、たとえばこんなやつでした。

「北方領土奪還《だっかん》」「日教組粉砕」「自主憲法制定」

「北方領土」は戦争でソ連に奪われた領土、「日教組」は右翼の人たちが左翼の牙城《がじょう》とみなしている学校の先生たちの組合ですので、要は「俺たちは反共だ」と表明しているだけのこと。「自主憲法制定」はやや具体的ですが、かといってそのために彼らが何か具体的な努力をしているわけではありません。

左翼も似たり寄ったりでした。昭和後期の新左翼学生のスローガンは、大学のキャンパス内の立て看板（タテカン）などに、よく書いてありました。

「米帝粉砕」「反帝反スタ」「大学解体」

「米帝」とはアメリカ帝国のこと、「反帝反スタ」とは「反帝国主義、反スタリーニズム」の意味ですので、「俺たちは反米だ」「しかし、ソ連の帝国主義も支持しない」と表明しているだけの話。「大学解体」は学生ならではの主張ですが、「ではどうやって?」と聞いても答えられなかったでしょう。

学生運動も、当初は学費値上げ反対とか、大学の管理体制強化に抗議するとか、それなりに中身のともなったものでした。しかし、どこかでボタンをかけちがえ、目標が日常から離れていくと、主張は宙に浮いてしまいます。

思うに六〇年代は、政治的なポーズをとること自体が流行だったのです。六〇年代後半には、ベトナム反戦運動が世界じゅうで起き、左翼チームの「反米」意識をますます強めましたが、左翼に対する市民の気持ちはもう冷めていた。

六五年の四年制大学の進学率は一二・八パーセント、七〇年でも一七・七パーセントです。当時の大学生はいまよりずっとエリートでした。受験勉強ばっかりしてきた学生がいきなり社会に目覚めた結果がこれだった。学生たちの間では、成田の空港建設反対運動を支援に行くのがステイタスでしたが、そりゃそうよねえ。学校の中だけじゃ騒ぎがいがないもんね。モメゴトの現場に、たまには出張しないとね。

七〇年代の終わりごろから、二〇〇三年のイラク戦争反対デモ、あるいは二〇一一年の脱原発デモくらいまで、市民参加の大規模なデモが行われなくなったのは、このころの左翼運動の後遺症《こういしょう》といっても過言ではありません

こんな右翼と左翼が、形を変えて復活したのは一九九〇年代のなかごろでしょう。ネットを主戦場に、「反日サヨクは日本から出て行け」「ネトウヨは反知性主義のバカ」というような罵詈雑言の応酬《おうしゅう》がくりひろげられるようになったのは、もっと後。二〇〇五年くらいからの話です。

現在のウヨク、サヨクは、冷戦時代の右翼、左翼とは別物です。一部を除けばウヨクは「天皇を中心とした神の国をつくろう」とは思っていないでしょうし、サヨクも「労働者が団結して革命を起こそう」とは思っていないはずです。

では、現在のウヨクとサヨクを分けるポイントはどこにあるのか。それについては次の章で考えてみることにしましょう。

第4章

二つの主体：国家と個人

国家と個人、どっちが大事？

突然ですが、あなたは「国家」と「個人」のどちらが大切ですか？

その二つしか選択肢がないのかって？　はい、そうです。あなたなら、二つのうちのどちらの意志を尊重《そんちょう》したいか、考えてほしいのです。

あ、でもその前に、「国家とは何か」が問題かな。

「国」とか「国家」とか、私たちはなにげなく口にしていますけど、あらためて問われると、うまく答えられませんよねえ。

国家は、①国民、②国土、③国家権力の三つの要素からできています。

人がなんとなく集まって暮らしていても、それは国家とはいいません。国家が国家であるためには「人（国民）」と「土地（国土）」を統括するリーダーの力が必要で、それがすなわち「国家権力」。一般に「国」とか「国家」とかいった場合は、国家権力のことを指します。（もちろん「国家も国家権力もいらねえや」という考え方もあります。「アナキズム」と呼ばれる左翼《さよく》思想の一種です）。

ちなみに「国家」は大昔からあったわけではありません。

やや勉強くさくなりますが、日本列島に中央集権の国家らしきものができ、自ら「日本」と名乗ったのは七世紀末の天武《てんむ》天皇のころからだそうです。このころ（古代）から江戸時代（近世）の終わりまで、国家をつかさどるのは、内戦に勝って権力を掌握《しょうあく》した権力者とその子孫たちでした。鎌倉《かまくら》幕府、室町《むろまち》幕府、徳川《とくがわ》幕府、みんなそう。

このような封建制の時代に、じゃあ「国民」はいたのか。まさか。そんな気取ったものはいなかった。いたのは、地方の大名《だいみょう》などの権力者に支配された「領民」だけです。日本人？　それもいなかったでしょうね。

「国民」は、たくさんの国が存在する国際社会の中で、はじめて自覚できるものなのです。したがって、日本人が「日本」を意識するようになったのは明治以降。開国によって晴れて国際社会にデビューし、主権をもった独立国家として扱われるようになってからでしょう。欧米列強から見れば、新参者のＪＡＰＡＮは僻地《へきち》からきた転校生みたいなもので、「なんじゃ、こいつ。体は小さいし、肌の色は黄色いし、仲間に入れて大丈夫なのか？」だったでしょうが、であればこそ転校生はしゃかりきになって「富国強兵」という目標をかかげ、国民の尻をたたいてひた走ってきたわけです。

国家と個人が対立するとき

以上をふまえたうえで、では、もう一度、質問です。

あなたは「国家」と「個人」のどちらが大切ですか？

どちらも大切に決まってる、どちらも尊重してもらいたい？　たしかにそれは正論です。世界じゅうのリーダーは口を揃《そろ》えて「われわれは両方尊重する」というでしょう。事実、国家のリーダーには常に「両方尊重する」ことが求められています。

しかし、じゃあ「国家」と「個人」の利害が対立した場合はどうするか。国益と人権が対立する場合と考えてもかまいません。

国家と個人の利害が対立するケースはいくらだってあります。

税金が上がる、医療や介護《かいご》の自己負担金が増える、なんていうのは、もっともわかりやすい例でしょう。国はいいます。国家財政が苦しいことは、みなさんも重々承知でしょう。国にいろいろ要求するなら、もっと税金を負担していただかないとね。国民は反論します。冗談も休み休みいってくれ。こっちはもっと苦しいんだよ。これ以上税金を増やされたら、生活ができなくなるよ。

消費税率を上げるかどうかで、政府と国民（ないし与党と野党）はしょっちゅうもめていますけど、それは国家と個人の利害が対立するからです。

もっとシビアな利害の対立は戦争でしょう。

先の戦争（太平洋戦争）は、国家が個人の生活を破壊《はかい》しつくした最悪の例でした。戦争末期には広島・長崎の原爆《げんばく》を含めて日本じゅうの都市が米軍の空襲《くうしゅう》にあい、三〇〇万人もの死者が出ましたが、そこにいたるまでの間にも、国民の人権は完全に剝奪《はくだつ》されていた。なにしろ戦時中の政府は「国家総動員法」という法律までつくって、国民に戦争協力を強いたのです。経済は統制されて、自由な売買は禁じられ、必要なものすら買えなくなる。言論の自由もなく、戦争に反対めいたことを口にしようものなら、ただちに特高（国民の思想統制を任務とする特別高等警察）の手で逮捕《たいほ》される。戦争の費用をつくるための国債は買わされる。徴兵《ちょうへい》命令が出れば、いやもおうもなく若者たちは兵士として戦地に行かされる。中学生や女学生は授業をうけるかわりに工場で働かされる……。すべては「お国のため」でした。

国家と個人の対立といいましたけど、国家権力は強大ですから、事実上それはゾウとアリの対立みたいなもの。ひとりで対抗できるようなものではありません。

戦争中は非常事態だから特別。戦後はさすがにちがうだろうと思いきや、国家の政策によって、個人の生活がおびやかされるケースはまだまだある。

たとえば新幹線、高速道路、飛行場の建設など、国策にそった大型事業のために、土地を売りわたすよう命じられた場合はどうでしょう。原子力発電所や軍事基地みたいな、危険と隣り合わせの施設が近隣に建設されたら?

もちろんこうした施設が建てられる市町村には、リスクの代償《だいしょう》として相応の補償金《ほしょうきん》が支払われますし、地域経済がうるおうという「アメ」も用意されますので、施設を積極的な誘致したいと考える人たちも少なからず存在します。

それでも、このような地域では、必ずといっていいほど行政と住民、あるいは「賛成派(国益優先派)」と「反対派(人権優先派)」の対立が生まれる。

国家と個人が対立する場面は意外に多いのです。

「大型公共事業」は誰のため？

国家と個人が対立する顕著《けんちょ》な例は、大型公共事業の現場です。

さっきもいったように、国家権力は強大ですので、それに対抗しようと思ったら、個人ではなく集団の力が必要です。反対の署名を集めるとか、関係省庁に請願《せいがん》書や公開質問状を出すとか。ですが、その程度の抵抗で「はいはい、わかりました」と国が当初の計画を変更するだろうか。具体的に見てみましょう。

①成田《なりた》空港反対闘争《とうそう》（千葉県）

戦後の日本で、国家と個人、国益と人権がもっとも激しく対立した例は、成田国際空港の建設をめぐる「成田空港反対闘争（三里塚《さんりづか》闘争）」でしょう。

発端《ほったん》は一九六六年、政府が「新東京国際空港」の予定地を千葉県成田市三里塚にすると閣議《かくぎ》決定したことでした。住民になんの説明もない決定だったため、地元の農民たちにとっては、聞いてねえよ、なんで勝手に決定すんだよ、です。

彼らは一五〇〇戸の農家で反対同盟《どうめい》を結成し、断固として土地は売らないといいました。ここに「そうだよ、国はおかしいよ」と考えた全国の学生や労働者らが支援に加わり（第3章で書いたように、ここには「過激派」と呼ばれる新左翼の学生たちも相当数入ったのですが）、反対運動はかつてないほど激化したのです。

七一年には、二度にわたって国が行政代執行《しっこう》にふみきります。行政代執行というのは、国や自治体などの権限で、強制的に重機を入れたり、住民を立ち退かせたりすることですが、そのありさまは「国家権力を舐《な》めんなよ」といわんばかりの横暴なものでした。老人や子どもを力ずくで排除する警察権力。反対同盟と機動隊が衝突《しょうとつ》し、双方に死傷者が出たのですから、まるで内乱です。

その後も衝突をくりかえしながら、当初の計画は大幅に遅れ、成田空港は七八年、開港にこぎつけました。ですが、計画では三本だった滑走路《かっそうろ》は一本だけ。次の計画を進めるために、学識経験者が間に入って国と住民が話し合いのテーブルについたのは九三年のことでした。工事は遅れる。滑走路はつくれない。長い対立の末、政府は住民に謝罪しなければならなくなり、地元との合意で、現在でも成田空港は夜間の離着陸ができません。着工時の無理が開港後にも影を落としているのです。

さて、あなたはどう考えますか。

国益優先派はいいます。空港は必要なんだから、建設に反対するのは農民の地域エゴだろ。日本国民なら、国に協力しろよ。そいつらがゴネたせいで、開港が遅れて、みんなが迷惑したんじゃないか。自分勝手もいい加減にしろよ。

人権優先派はいいます。強制的に土地を収用して、建設工事を強引におしすすめたのは誰《だれ》なのさ。国の事業なら、住民は犠牲《ぎせい》になってもいいのかい。そもそも初動で住民の合意をとりつける努力をしないから、こんなことになったんじゃないか。

②諫早湾《いさはやわん》の干拓《かんたく》事業（佐賀県）

もうひとつ、別の例を見てみましょう。

成田空港反対闘争は、先祖伝来の土地を守りたいという農民の闘いでしたが、近年の国家と個人の対立には、しばしば自然環境問題がからみます。

その一例が九州・諫早湾（有明海《ありあけかい》）の干拓事業計画です。干拓というのは、浅い海を堤防で囲んで海を陸地に変えることです。

発端は、一九八六年、国が農地の造成や水害対策を目的に、干拓事業計画を決定したことでした。湾に大規模な「潮受堤防《しおうけていぼう》(ゲートみたいなもの)」を建設、その中を三〇〇〇ヘクタールの農地にするというのが国の意向でした。

しかし、有明海は多くの生物が生息する豊かな海で、魚介や海苔《のり》などが多くとれ、漁民にとっては生活の糧《かて》。ムツゴロウなどが住む、貴重な干潟《ひがた》が残る場所でもありました。潮受堤防が環境をこわすことは必至《ひっし》でしたし、片方では減反《げんたん》政策で米の生産量を減らしているのに、新しい農地が必要だという理屈もおかしい。

そこで、沿岸の漁民、全国の環境保護団体、その他多くの人々が、干拓事業の見直しを迫って、反対運動に立ち上がったのです。ですが、九二年には予定通り全長七キロメートルにわたる潮受堤防の水門が閉められ、タイラギ、アサリなどの漁獲高《ぎょかくだか》は減少。水門の開閉をめぐる対立は今日もつづいています。

諫早湾の干拓事業の例は、一度走り出した公共事業は止まらない、という事例の見本です。すでに潮受堤防が建設されてしまっており、水門の影響でダメージをうける佐賀県側の漁業関係者と、新しく入植した福岡県・長崎県側の農業関係者との間の利害も対立するため、ことは複雑なのですが、もとをただせば国の干拓事業計画からはじまった話です。やはり根底にあるのは国の強引な政策といえるでしょう。

さて、あなたは、どちらの立場を応援しますか？

国益優先側はいいます。大人の事情をわかってないよ。一度はじまった工事を中断なんかできるかよ。それで食ってる会社の従業員はどうすんだよ。反対派っていうけど、ごねて補償金をつり上げたいだけだろ？　そんなのにつきあってられっかよ。

人権優先派はいいます。ちがうよ。国はゼネコン（大手建設会社）とつるんで、大型土木事業をやりたいだけだろ。ゼネコンは与党の重要なスポンサーだからね。それをムダな公共事業っていうんだよ。おかげで環境は破壊されるわ、漁民の生活は奪われるわじゃ、たまらないよ。せめて水門を開けろよな。

③普天間《ふてんま》飛行場の移設問題（沖縄県）

もう一件、さらにホットな現場について考えてみましょう。二〇一〇年代の日本をゆるがしている、米軍普天間飛行場の移転問題です。

そもそも普天間基地は町の中にあり、世界でもっとも危険な基地といわれていました。そのため、事故の危険と騒音に苦しむ住民の間で、基地の閉鎖を求める声があがっていたのです。一九九六年、日米首脳会議で、普天間基地を五〜七年以内に日本に全面返還《へんかん》するという合意がまとまります。問題は、この合意にヘリポートを含む代替地を沖縄県内に建設する、という条件が含まれていたことです。

同じ年、移設の候補地として、名護市《なごし》のキャンプ・シュワブの辺野古《へのこ》沖が浮上。地元沖縄、環境保護団体、市民団体などから大きな反対の声があがります。辺野古はジュゴンなどの絶滅危惧種《ぜつめつきぐしゅ》二百数十種を含む五〇〇〇種以上の生物が生息する海とされ、ここを埋め立てることは大きな環境破壊になるからです。

日米両政府は、こうした声を無視して飛行場の辺野古への移設をおしすすめていましたが、二〇〇九年、事態は急変します。七月の衆議院選挙で民主党が大勝し、新しく政権の座についた鳩山由紀夫《はとやまゆきお》首相が突然方針を転換《てんかん》、普天間飛行場の移設先は「最低でも(沖縄)県外」と公言したのです。ですが、別の移設先が見つからず、結果的にこの案はポシャります。それが沖縄県民の失望と怒りに火をつけた。期待させておいて元に戻すってなんなんだよ。もうがまんの限界だよ。

こうして沖縄の世論が辺野古移設反対へ傾いていくなか、一三年、政権を奪いかえした自民党安倍晋三《あべしんぞう》首相は、予定どおり飛行場の移設先は辺野古にすると発表しました。翌年、沖縄県では辺野古移設に反対する翁長雄志《おながたけし》知事が当選。国と沖縄県の対立は深刻化し、法廷闘争も含んだ膠着《こうちゃく》状態が、今日までつづいています。

辺野古問題は、国と沖縄県の対立みたいですが、反対派の知事を当選させたのは沖縄県民ですから、これもやはり国家と個人の対立といえます。

普天間基地問題は、もとはといえば、日本の米軍基地の七五パーセントが沖縄県に集中しているという不均衡《ふきんこう》に端を発しています。沖縄は国家と個人の対立が凝縮した場所ともいえるのです。

さて、あなたは国と沖縄県のどちらに味方しますか。

国益優先派はいいます。日本の国防には、アメリカとの同盟関係も米軍基地もぜったい必要なんだぜ。沖縄だって基地のおかげで食えてんじゃないか。普天間飛行場は危険なんだろ。だったら辺野古にさっさと移設するしかないだろうが。

人権優先派はいいます。住民の意向を無視して計画を一方的に進めてきた国が悪いに決まってるだろ。なんで辺野古にこだわるんだよ。日本は生物多様性条約を締結《ていけつ》してんだからね、環境を守るのは国の義務だよ。沖縄県民は基地にも怒ってるし、環境破壊にも怒ってるし、なにより自分たちを無視する国のやり方に怒ってんだよ。辺野古移設は断念して、計画そのものを白紙撤回すべきだよ。

国と住民の対立はよく起こる

成田、諫早湾、辺野古と、三つの例を見ましたが、大型公共事業にともなう国と住民の対立は、どんな場所でも大なり小なり起こります。ゴミ処理場、葬儀場《そうぎじょう》、県道など、相手が地方自治体の場合でも、構図は同じです。

もちろん、ひとつひとつケースはちがっているので、一概《いちがい》にどちらの言い分が正しいとはいえません。また、こうした住民運動は、個別の案件についての争いですから、反対運動に参加している人はみんな反体制派である、ともいえません（国の対応があまりにひどいと、反体制派になっちゃう人もいますけど）。

では、ここであらためて質問です。

大型公共事業と住民運動の対立を目にしたとき、あなたはどちらにつくか。国側と住民側のどちらに肩入れしたくなりますか。

なんかよくわかんねーし、自分には関係ねーし、どっちでもいいや、って?

ダメです。どっちでもいいは許されません。何度もいいますが、政治に「中立」はないのです。どちらかに決めてください。

よろしいですか。では、診断です。

どちらかといえば国側を支持するという人は「全体の利益のためには、ある程度個人が犠牲《ぎせい》になるのは仕方がない」という考え方ですから、「国益優先派」。住民側を支持するという人は「いくら全体にとって有益な事業でも、個人の生活を犠牲にしたらダメだろ」という考え方ですから、「人権優先派」です。

そして、もうすこし強めの表現を使いますと、「国益優先派」と「人権優先派」には、すでにちゃんとした名前もついているのです。

国益優先派は「全体主義」。人権優先派は「個人主義」です。

とかいうと、「ちがう」といわれるかもしれません。でも、これはほんとの話。辞書を引いてみてください。全体主義と個人主義は「反対語」として載《の》っていますから。

国益優先は全体主義、人権優先は個人主義

「個人主義」というと、自分の利益だけを追求する利己主義者、みたいですが、それはまちがい。「個人主義」と「利己主義」は別ものです。

個人主義とは、ヨーロッパのルネサンスや宗教改革《しゅうきょうかいかく》の時代（一六世紀ですから、ずいぶん古い話です）に意識されるようになり、近代市民社会の根幹《こんかん》となった思想。個人の自由と権利がいちばん大事だ！　という考え方です。

一方、「全体主義」は、「個人の自由や権利？　そんなものは後回しだよ、後回し」という考え方です。個人個人の暮らしより、国家とか民族とかの「全体」の利益を優先させるので「全体」主義と呼ぶのです。

国家とは何かということについても、個人主義者と全体主義者の考えはちがいます。

個人主義者はいいます。国よりも民族よりも、大切なのは個人の自由と権利なんだよ。

国家は個人を幸福にするためにあるんだよ。

全体主義者はいいます。バカだな。国家のおかげで国民があるんだろ。そんなに国家が嫌いなら、国を出ていきゃいいじゃないか。国籍《こくせき》なしで暮らせるのかよ。

さて、あなたはどちらの考え方に近いでしょう。

と、いちおう質問してみましたが、この問いの答えはほんとはとっくに出ています。国家と個人のどちらが大切かという問いの答えも、だから決まっているのです。

国益より人権のほうが上。国家より個人のほうが大切。

これが近代国家の原則であり、国際社会の常識なのです。

では、「全体主義」とは何だったのかというと、戦時中の日本、ヒトラー政権下のナチスドイツ、ムッソリーニ政権下のイタリア、スターリン政権下の旧ソ連などがこれに該当《がいとう》します。つまり、全体主義は化石みたいな思想なのです。

ですので「やっぱ、国があっての国民じゃん？　国民は国に従うべきじゃねーの？」なんていうことをいう人がいたら、あきれてもいいのです。

個人主義は面倒だけど必要なもの

ですが、国益優先派のいうこともわかります。そうはいっても、人間が集団で生活する以上は、全体のことも考えなくちゃダメなんじゃない？

それはたしかにその通り。しかし、「全体のことを考える」のと「個人が全体の犠牲になってもかまわない」のとはちがいます。

日本国憲法《けんぽう》の三原則のひとつが「基本的人権の尊重」であることはご存じでしょうか。さすがにそれくらいは知ってるわって？　そうですか。失礼しました。

では、基本的人権（ただ「人権」といった場合でも同じです）が「国家権力によっても侵《おか》されない権利」であるってことは知ってますか？

「国家と個人はよく対立する」「国益より人権のほうが上」といいました。人は生まれたときから尊重される権利をもっている、という考え方を「天賦《てんぷ》人権説」といいますが、人権っていうのは、そもそも「国家をもってしても侵すことのできない個人の権利」として設定されたものなのです。

もちろんそれはタテマエというか、理想です。現実社会を見わたせば、個人の権利がいつも尊重されているとはいえませんし、目の前の問題を解決するには、国益と人権の調整を図りながら最善の道を探さなくてはなりません。

それでも「個人主義」は大切なものの見方だと私は思います。なぜって、国家権力は強大で、放っておくと必ず「全体主義」に近づいていくからです。為政者は国全体のことを考えている（はず）ですから、全体の利益の前ではひとりひとり人権なんかにいちいちかまっていられるか、という発想に、どうしたってなる。

国の発展のためには、空港が必要なんですよ。地元の農民が反対してる？　それは無視だな。大勢の利益のためには、一部の人は犠牲になっても仕方がないんでね。え、座り込みをして立ち退かない？　そんなもん排除だよ排除。行政代執行ですよ！　というような気持ちに、ぜったいなると思いませんか？

個人主義は、国にとってはたいへん面倒で邪魔《じゃま》くさいものなのです。そして邪魔くさいからこそ、個人主義は社会全体にとっても有益だし、必要なんです。

公害裁判からわかること

個人の幸福を第一に考える個人主義の発想がなかったら、いまごろ、日本はどうなっていたかわからない。そんな例として、私が思い出すのは「公害病」です。

「四大公害病」というのをご存じでしょうか。

四大公害病というのは、富山《とやま》県のイタイイタイ病、熊本県の水俣病《みなまたびょう》、新潟県の有機水銀中毒（新潟水俣病）、そして三重《みえ》県の四日市《よっかいち》ぜんそくをさします。

戦後、一九五〇年代から七〇年代にかけての日本は、経済成長をめざして走ってきました。急激な工業化はたしかに経済を発展させました。ですが、このころの日本の環境はひどかった。古い映画なんかを見て、そのころにあこがれている人がいますけど、たぶんあなたは当時の日本じゃ暮らせないよ。

日本じゅうの川はドロドロで、匂いもひどくて、橋の上に立つだけで吐《は》きそうでした。工場地帯の海も汚染され、煙突《えんとつ》からは煙がもうもうと吹き上げていた。これがいわゆる「公害」で、地域によっては公害が住民に重大な健康被害をもたらしたのです。四大公害病は、なかでも、被害者が公害の発生源である企業や国を相手に訴訟《そしょう》を起こしたことで共通します。私たちの体がこんなふうになったのは、あなたがたの会社のせいなんですけど。どうしてくれるんですか、という裁判です。

イタイイタイ病は、富山県の神通川《じんずうがわ》の両岸で発生した、カドミウムによる慢性《まんせい》中毒です。死者は推定一〇〇人といわれます。全身が痛み、骨が軟化し、患者が「いたい！いたい！」と叫ぶので、この病名がついたのです。患者のほとんどは女性で、大正時代から知られた病気でしたが（当初は風土病《ふうどびょう》と考えられていました）、「神通川の水のせいじゃないか？」と気づいたお医者さんがいた。原因は神通川の上流の三井《みつい》金属工業神岡《かみおか》鉱山《こうざん》が排出した廃液《はいえき》でした。それが発表されたのが一九五五年で、公害病に認定されたのは六八年。被害者が三井金属を訴えた訴訟で勝ったのは七一年です。

水俣病は、熊本県南部の水俣市一帯で、一九五三年ごろから発生した水銀中毒です。中枢神経《ちゅうすう》をおかして、手足や口のしびれ、言語障害《しょうがい》や運動障害などが起こる重大な病で、患者数は一万数千人ともいわれます（ただし、正式な患者として認定されたのは二二六五人。うち一五〇〇人以上は死者）。原因は、新日本窒素《ちっそ》肥料（のちにチッソ）の水俣工場から不知火海《しらぬいかい》に排出されたメチル水銀でした。これが湾内の魚介に蓄積して濃縮され、魚を食べた人々の体内にとりこまれたのです。しかし、因果《いんが》関係の特定には時間がかかり、国が水俣病を公害病と認定したのはイタイイタイ病と同じ六八年。被害者は損害賠償《そんがいばいしょう》を求めてチッソを提訴し、国を告発しましたが、裁判はこじれにこじれ、最終的に国が責任を認めたのは九六年でした。しかし、いまなお患者認定を求めている人が二〇〇〇人以上います。

新潟水俣病は、一九六四～六五年、阿賀野川《あがのがわ》下流域の住民に熊本水俣病に似た症状の患者が多数出たことから発覚《はっかく》した病気です。原因は阿賀野川のやや上流にある昭和電工鹿瀬《かのせ》工場から排出されたメチル水銀でした。一九六七年、被害者は昭和電工と国を訴えました。裁判は患者側が勝ちましたが、患者の認定はとどこおり、八二年、被害者は国の責任や病気の認定基準をめぐって第二次訴訟を起こします。いちおうの和解が成立したのは九六年ですが、やはり患者認定を求めている人たちがいまもいます。

四日市ぜんそくは、一九六〇年ごろから多発した大気汚染による病気です。目の痛み、激しい咳《せき》や呼吸困難などの症状が出る重い病気で、原因は四日市の石油化学コンビナートから排出された硫黄酸化物《いおうさんかぶつ》でした。被害者がコンビナート六社を相手に裁判を起こしたのは六七年。七二年には原告側が勝訴。国や県、市の責任も認められました。

こうやって書き並べると、「だから?」でしょうけど、公害裁判は大変なのよ。結果(病気)と原因(企業による廃水や大気汚染)の因果関係の証明はむずかしく、裁判でようやく公害病と認められても、患者の認定をめぐって、またひと波乱。損害賠償や慰謝料《いしゃりょう》を求める原告には「ゴネ得《どく》」などの中傷《ちゅうしょう》も浴びせられます。ただでさえ病に苦しんでいるのに、結審までに何十年もかかり、しかも必ず勝つとは限らない。

それと公害企業は大企業です。地元はいわば「企業城下町」であり、その会社で働いている人や、会社の恩恵で暮らしている人がたくさんいるのです。その中で、会社を訴えるのは、すごく勇気がいると思わない?

しかし、公害裁判は、その後の日本に大きく貢献《こうけん》しました。こうした裁判があったからこそ、人々は公害が重大な病につながることを知ったのですし、国も動いて公害対策基本法(一九六七年)や、公害健康被害補償法(一九七三年)がつくられたのです。

もし彼らが勇気をふるって企業や国と闘ってくれなかったら、日本はどうなっていただろう。その後も有毒な工場廃水が海に垂《た》れ流され、大気汚染が続き、日本じゅう、死の海や死の川だらけになっていたかもしれません（じっさい、遅れて工業化がはじまった国々では、いま、公害が大きな問題となりつつあります）。

公害裁判は、二つのことを教えてくれます。

ひとつは、個人と全体の関係です。被害者たちが訴訟を起こしたのはむろん自分のためですが、自分たちと同じ目にあう人が出てはいけない、という思いがなければ、裁判は続かなかったはず。「全体のことを考える」とは、このようなケースをいうんじゃないでしょうか。個人の権利の主張は、全体を救うことにもつながるのです。

もうひとつは、自分の権利は自分で主張しなければならない、ということです。黙って苦しんでいるだけでは、国も企業も助けてはくれないのです。

権利獲得のために闘ったマイノリティ

ついでなので、権利の話をもうすこし続けます。

そうなのよ、個人の自由と権利は誰かに与えられるものじゃない。みんな、自分たちで要求し、自分たちの手でつかみとったものなんです。歴史をひもとけば、自由と権利を獲得するために闘った人の記録がたくさん出てきます。

たとえば、アメリカ合衆国の黒人解放運動です。

リンカーン大統領の奴隷解放宣言（一八六三年）で、アメリカの黒人（アフリカ系アメリカ人）たちは奴隷《どれい》という身分からは解放されましたが、黒人への差別と抑圧は長いあいだ残っていた。彼らが人種差別の撤廃《てっぱい》を求めて立ち上がったのは、第二次大戦後のことです。奴隷解放宣言《せんげん》から一〇〇年目の一九六三年、首都ワシントンに二〇万人の黒人が集まって行進し、「仕事と自由」を要求しました。この行進は、白人が独占していた公民権（参政権などの人権）をひろく有色人種にひらくきっかけとなりました。

第1章の最初のほうで、政治参加の第一歩は「いまの世の中、なんかおかしくない？」と思うかどうかだっていったの、覚えてる？

差別されてる人の身になってみれば、「世の中、おかしくない？」どころの騒ぎではありません。就職を制限されたり、住む場所を隔離《かくり》されたり、仲間はずれにされたり、ひどい言葉をあびせられたり。

前にもいったけど、がまんが限界に達したとき、人は立ち上がるのです。

日本では、部落差別からの解放をめざして、一九二二（大正一一）年に結成された「全国水平社」の運動が知られています。被差別部落は、江戸時代の身分制度で士農工商の下に置かれた差別的な身分のなごりです。明治期には「賤民解放令《せんみん》」が出されましたが、何の役にも立たず、差別はなくならなかった。水平社の人々はそれに抗して、自由と平等、人間として生きる権利を訴えた。「全国に散在する吾《わ》が特殊部落民よ団結せよ」という言葉ではじまる「水平社宣言」は、日本の人権宣言ともいわれています。

明治時代につくられた「北海道旧土人保護法」によって、土地を奪われ、固有の文化を奪われたアイヌの人たちも、民族の誇りをかけて長いあいだ闘ってきました。彼らの粘り強い闘いで、この法律が廃止《はいし》されたのは一九九七年です。

戦後、さまざまな事情で日本に定住せざるを得なくなった（または定住することを選んだ）在日韓国・朝鮮人に対する差別は、いまでも根強いものがあります。外国人としての登録を義務づけられ、犯罪者でもないのに登録更新《こうしん》の際に指紋《しもん》を押させられる「指紋押捺《おうなつ》制度」は在日差別を象徴する制度でした。八〇年代以降、指紋押捺を拒否する人があいつぎ、この制度が廃止されたのは二〇〇〇年、「外国人登録法」が撤廃されたのは二〇一二年です。公務員の国籍条項（日本国籍を持つ人しか公務員になれない）が外されるなど、差別的な制度は徐々に改善されていますが、地方参政権（地方選挙の際に投票する権利）はいまだに認められていません。

障害者の権利も長いあいだ制限されていました。近年では普通学級で学ぶ子どもや地域社会で暮らす人たちも増えつつありますが、かつて多くの障害者は施設などに隔離《かくり》され、就学《しゅうがく》、就職、資格試験などで、さまざまな差別を強いられてきました。二〇一六年から行政機関や事業所（官庁や会社）に差別を禁じる「障害者差別解消法」が施行されましたが、ようやくスタート地点に立ったにすぎません。

「マイノリティ」っていう言葉を知ってますか。日本語に直訳すれば「少数派」。いまあげたアフリカ系アメリカ人とか、被差別部落の人とか、アイヌの人とか、在日の人とか、障害のある人とかは、その国の人々の中では「少数派」です。そして、彼らは数が少ないので、その声が為政者に届きにくいため、人権が尊重されにくい。不当な差別を受けやすいのです。

だからマイノリティの人たちは、公害裁判よりもっと長く、一〇〇年以上の時間をかけて、自分たちの自由と権利を手に入れるために闘ってきた。数としては「少数派」とはいえない人類の半分を占めている女性も自由と権利を得るために一〇〇年以上闘ってきたし、ようやく最近、その声が伝わるようになった性的少数者（ＬＧＢＴ）も同じです。

住民運動も、公害裁判も、マイノリティの権利獲得運動も、「私には私らしく生きる権利がある」と自覚したところからはじまります。「人間らしく」ではなく「私らしく」です。人はみんなちがうので、ひとりひとりの個性や考え方が認められなければ意味がない。国には、その差を認めたうえで、みんなの権利を保障する責任があるのです。

日本国憲法は「個人主義」の憲法だった

なんていうと、「チッ、なんでもかんでも国の責任かい」とかいう人がいるんだよね。「国を批判するやつに限って、国にいろいろ要求するんだよな」とか。

それはそれでもっともな意見だと思うので、ここで再び最初の問題提起、「国家と個人」「全体主義と個人主義」の話に戻ります。

日本国憲法は基本的人権について定めています。この憲法の特徴《とくちょう》は、人権についての項目がとても多いことです。それはまるで、人権のカタログです。

まず、基本的人権は「自由権」「参政権」「社会権」の三種類に分けられます。

自由権というのは、前にもいった「国家が侵してはいけない個人の権利」っていうやつです。ここには、奴隷《どれい》的拘束《こうそく》および苦役《くえき》からの自由（一八条）、思想良心の自由（一九条）、信教の自由（二〇条）、表現の自由（二一条）、移転および職業選択の自由（二二条）、学問の自由（二三条）などなどが含まれます。

参政権は政治に参加する権利で、選挙権、被選挙権のほか、公務員にリコールを要求したり、公権力に希望を述べる「請願《せいがん》権」などが入ります。

特に注目してほしいのは社会権です。社会権は「請求権」ともいい、「国民が国に要求できる権利」のことなのです。「国にいろいろ要求しやがって」といわれたって平気。私たちには、国に要求する権利があるのです。

なかでも、覚えておくといいのは、次の二つの権利ですね。

ひとつめは「幸福追求権」。これは国民が幸せに暮らす権利のこと。条文はこれ。〈すべて国民は、個人として尊重される。生命、自由及び幸福追求に対する国民の権利については（略）国政の上で、最大の尊重を必要とする〉（第一三条）。

二つめは、健康で文化的な生活を営む権利。「生存権」と呼ばれます、条文はこちら。〈すべて国民は、健康で文化的な最低限度の生活を営む権利を有する〉（第二五条）。

幸福追求権と生存権は、私たちの大きな武器になります。

あなたは「個人として尊重され」ています？「健康で文化的な生活」をおくれています？「おくれてねーよ」と思ったら、なぜかを考えてみてください。憲法は、あなたにはあなたらしく生きる権利がある、といっているのですから。

日本国憲法って太っ腹でしょ。「国家によって侵されない自由」と、「国家にいろいろ要求する権利」の両方を認めている。まるで国民が主人で、国が家来のようです。

でもこれ、近代国家の憲法だったら当たり前のこと。このように国民から国家に命令をくだす憲法の精神を「立憲主義」というのです。

もちろん憲法といえども、個人の権利を無制限に認めているわけではありません。「公共の福祉に反しない限り」という文言で国民にも権利の濫用《らんよう》は禁じられていますから、「なんでもかんでも個人の自由」「なんでもかんでも国の責任」とはいきません。念のためにいいますと、「公共の福祉」とは、個人と個人の権利がぶつかった場合には調整が必要です、という意味で、「国益」の意味ではありません。

それでも、私たちはここで、ひとつの重要な事実に気がつきます。日本国憲法は「個人主義」にもとづく憲法だってことです。「民主主義」とは、そうです、個人主義にもとづく制度なのです。

左派は個人主義、右派は全体主義

国益を重んじる「全体主義」と、ひとりひとりの自由と権利を重んじる「個人主義」について見てきました。国家と個人という対立軸《じく》は、頭の整理に便利です。

第1章で「体制派と反体制派」の話をしました。ここであらためて考えると、国家のスムーズな運営を優先させる「体制派」は全体主義、自由を求めて国家に刃向かった「反体制派」は個人主義に近いかもしれません。

第2章「資本家と労働者」で見た経済政策も同じです。

企業の経済活動を後押しし、国家の発展をめざさなくちゃ、国民も豊かになんかなれないよ、と考える人は全体主義。

企業の利益を企業だけに独占させちゃダメだよ、金持ちからとった税金を貧しい労働者に還元《かんげん》して、格差を少なくする政策をとるのが政治だろ、と考える人は、ひとりひとりの幸福を優先する個人主義に近い感じがします。

では、第3章で見た「右翼と左翼」はどうでしょう。

おもしろいことに、めざす方向がちがうだけで、右翼も左翼も全体主義に近いのです。国家の意向に国民はおとなしく従えというのも、革命のために命をかけて戦えというのも、組織の論理が優先する全体主義ですからね。

ただし、それは本格派の右翼と左翼の話。大ざっぱにいえば、今日の右派は全体主義、今日の左派は個人主義に近いように思います。

国家を中心に発想する右派の人はいいます。

そもそも国家あっての国民なんだぞ。強い国家をめざさないで、個人の幸福もヘチマもあるかよ。日本の主権を守るには、国防はすげえ大切なんだよ。中国の経済発展と軍備増強ぶりを見てみろよ。北朝鮮を見てみろよ。ああいうやつらに対抗するには、毅然《きぜん》とした態度が必要なんだよ。それには自衛隊じゃダメなんでね、憲法を変えて軍隊組織をつくらなきゃいかんのだよ。核武装もしたほうがいいのだよ。え、内政？　貧困対策？　なにを甘えてんのかね。格差だの貧困だのは、てめぇの努力が足りないせいだろ。だいたい福祉《ふくし》福祉っていうけどさ、国家財政が借金まみれなことを知らないのかよ。これ以上、国に迷惑《めいわく》かけるなよ。自立の道を探れってんだよ。

個人の幸福から発想する左派の人はいいます。

あのね。国家は個人を幸福にするためにあるんだからね。そう考えれば国家のやるべきことは決まってくるだろ。金持ちからとった税金を低所得者層にまわす再分配政策に力を入れてもらってだな、格差をできるだけ小さくしてさ、貧困対策もしっかりやってもらってさ、高校や大学の学費なんか無料にしてほしいよね。雇用《こよう》対策も放置できないし、ブラック企業の野放しもマズイでしょ。え、国防？　軍備？　そんなのは最低限にしてもらいたいね。戦争を前提にものごとを考えること自体がおかしいじゃん。話し合いを中心にしたねばり強い交渉《こうしょう》こそが、外交の王道でしょ。

さて、あなたはどちらの態度を支持しますか？

戦後日本の体制派とは誰だったのか？

重大な問題がひとつ残っていました。

それは、戦後日本の「体制派」とは誰だったのか、ということです。

政治の面からいいますと、戦後日本の体制とは「自民党政治」のことです。結党以来六〇年の歴史の中で、自民党は二度ほど選挙に大負けし、政権を他の党にゆずり渡すという屈辱《くつじょく》的な経験をしています（一九九三〜九四年の非自民八党連立内閣と、二〇〇九〜一二年の民主党政権の時代です）。しかし、後の選挙でまた勝って、政権の座にまんまともどってくる。これこそ体制の強さです。

体制というのは、政府を支える官僚《かんりょう》組織、財界、マスメディアなどを含めての巨大なシステムですから、一度くらい選挙に勝って他の党の政府ができても、そう簡単にはゆらぎません。民主党？　なんだそれ、ってなものでしょう。

民主党政権が生まれたとき、中央官庁のお役人はみんな考えたはずです。

たまたま政権をとっただけの政治のシロウト集団に、なんで政策のプロの俺たちが従わなきゃならねーんだよ。それになんだよ、八ッ場《やんば》ダムの建設は中止だと？　記者クラブは廃止するだと？　普天間飛行場は「最低でも県外」に移設するってか。これだから、シロウト集団はいやなんだよ。こっちはこっちのやり方で、ずっとやってきたんだよ。あいつらに協力なんかしてやるか。さっさといびり出そうぜ。

これじゃ、まるで嫁をいじめる姑《しゅうとめ》ですが、実際、民主党政権の閣僚《かくりょう》たちは、官庁にも財界にも、そうとう意地悪をされたと思いますね。

というわけですので、日本の体制は自民党政治であり、「ゆる体制派」はみんな自民党に一票を投じて体制を支えてきたのです。

そんな社会に暮らしていると、自民党に批判的な左派の応援団はどうしても「ワタシは少数派」「ワタシは反体制派」と考えがちです。

しかし、はたしてそうだったのか。

第二次大戦後の国際社会の主流は「個人主義」でした。日本もまた、個人主義的、いいかえれば「左派」的な憲法の下にありました。その憲法の下で自民党の政治は行われ、完璧《かんぺき》とはいえないまでも、個人の自由と人権を重んじてきたのです。

だとすると、体制派とはいったい誰だったのでしょうか。

人権は国益に優先すると考える個人主義は現代の国際社会の大原則ですから、どこの国でも主流を占める思想です。逆に、全体主義的な思想は日陰《ひかげ》の存在であり、公の場で堂々と口にできるようなものではありませんでした。

全体主義を克服した第二次大戦後の世界でも、フランスの「国民戦線」やドイツの「ドイツ国家民主党」のように、全体主義をめざし、極端な排外主義をかかげる政党はあります。ですが、それは「極右《きょくう》政党」などと呼ばれ、異端に近い扱いを受けてきました。反ユダヤ主義をかかげるドイツの「ネオナチ」や、白人至上《しじょう》主義を唱えるアメリカのクー・クラックス・クラン（ＫＫＫ）のような、カルトに近い団体の扱いも同じです。日本の右翼団体も、まともな政治勢力とはみなされてきませんでした。

さて、左派と右派、個人主義と全体主義、どっちが体制派だったでしょうか。

答えはもうわかるよね。

そうなんです。意外にも（？）左派、自由と権利を重んじる個人主義こそが「体制派」だった。それを私たちは「戦後民主主義」と呼んできたのです。

歴史とは、反体制派が体制派にとってかわることだ、と最初に話したのをおぼえているでしょうか。その伝でいくと、「頭のおかしい右翼の国」から一八〇度転換した二〇世紀後半の日本は、自由と権利を重んじる個人主義の国でした。

しかし、いま、この体制は変わりつつあります。七〇年間続いてきた戦後民主主義体制は、どこへ行くのか？　次章では今日の日本について考えましょう。

第5章

二つの陣営：保守とリベラル

左派の目から見るといまは「最悪に近い状態」

やっと今日の政治について考える段階にたどりつきました。

その前に、私・斎藤の立ち位置について少しだけ書いておきます。

政治に中立はないと申し上げているように、私は自分が中立だとは思っていません。右派か左派かといえば、私はおそらく、いやまちがいなく左派でしょう。

国家と個人のどちらを優先させるかと問われたら「もちろん個人」と答えますし、人権のために闘った人たちを誰《だれ》より尊敬しています。金持ち優遇《ゆうぐう》、弱者切り捨ての政策にはぜったい反対ですし、いまのところ憲法《けんぽう》も変えてほしくありません。支持政党は特にないので、そのときどきの情勢によって投票先を決める「無党派層」ではありますが、左派ですので自民党に投票したことは一度もありません。左派の癖《くせ》として政府のやり方にはつねに批判的でしたし、自分は「反体制派」だとも思ってきました。

ただし、前章でお話ししたように、戦後の日本の言論界、出版界、人文社会科学系の学界などの主流は左派でしたので、逆説的になりますが、私のような自称「反体制派」が言論の世界の「体制派」だったともいえるのです。

そんな私の目に、いま（二〇一六年）の政治がどう見えるかというと、まあ、最悪に近い状態でしょうね。「最悪」ではなく「最悪に近い状態」といったのは、この先もっと悪くなるかもね、と予感してもいるからです。

戦後七〇年を野球の試合にたとえれば、いまは左チームの一点リードで迎《むか》えた九回裏。二死満塁《まんるい》で、攻撃《こうげき》側の右チームは一打逆転サヨナラのチャンスを（守備側の左チームにとっては最大のピンチを）迎えている、そんな感じ。バッターボックスに立っているのは安倍晋三《あべしんぞう》首相。右チームの応援団は首相のホームランを期待し、左チームの応援団はなんとしても逆転サヨナラ負けは食い止めたいと必死です。

第1章で「体制派」と「反体制派」はつねに交代する可能性がある、といいました。明治維新《いしん》のような劇的な交代劇はめったにありませんが、しかし、政権のカラーや社会の雰囲気《ふんいき》を見てゆくと、歴史はどうやら右左右左右左右左……と交互にくりかえされる傾向があるのです。政治の振り子が左へ大きく振れれば右派が危機感をいだき、右へ大きく振れれば左派が必死で抵抗する。

二〇二〇年ごろまでに日本の体制が変わる？

その観点でいくと、現在は左（戦後民主主義体制）から右（個人の自由が制限される方向？）へ、振り子が揺りもどされつつあるように見えます。

左派の応援団が推《お》す民主党政権が二〇〇九年に誕生するも、当初かかげていた左派カラーの政策もどこへやら、鳩山由紀夫《はとやまゆきお》、菅直人《かんなおと》、野田佳彦《のだよしひこ》と、三人の首相が三者凡退で退場した後、一二年一二月に誕生したのが第二次安倍晋三政権でした（〇六年にも安倍首相は政権をとっているので、今度が二度目なのです）。そして安倍政権は歴代自民党政権の中でもかなり右派カラーの強い政権です。

憲法改正への強い意欲をもっていること、安全保障政策の枠組みを大きく変えたこと、歴史認識についての強硬な発言が目立つことなどがその理由です。

〇六年、最初の政権の座についたとき、安倍首相は「戦後レジームからの脱却《だつきやく》」を目標にかかげました。レジームとは「体制」の意味ですから、彼は戦後民主主義という「体制」からの「脱却」を目指していたのです。そしてじっさい、第一次安倍政権は、教育基本法を改正して「愛国心」を重んじる規定を入れ、防衛庁を防衛省に格上げし、憲法改正に必要な国民投票の手続きをする法律を成立させました。いままで、どの政権もやれなかった右派的な政策です。

戦後の日本の政治を牛耳《ぎゅうじ》ってきたのは、一時期を除いてたしかに保守政党（社会全体から見れば右派）である自民党でした。しかし、自民党の中にも右派と左派がいて、中で交代劇をくりかえしてきたのです。その結果、日本国憲法は今日まで変わらずにきましたし、自衛隊はひとりの戦死者も出していません。中国や韓国との関係は悪化していますが、武力衝突《しょうとつ》にはいたっておらず、新聞・雑誌・テレビなどのマスメディアは相当弱腰になってはいますが、言論の自由や表現の自由はまだ保障されています。だから、いまはまだ左チームがかろうじて一点リード。個人の人権を重んじる戦後民主主義という「体制」は維持《いじ》されています。

ですが、これからの試合展開によっては、右チーム（彼らはいままで反体制派だったのです）が勝利して、体制が変わる可能性が出てきました。だから両陣営とも必死。それぞれのチームの応援団も「あとがない」と懸命《けんめい》です。そうですね。安倍首相の任期が切れる二〇一八年九月くらいまでの勝負でしょうか（といっても、それは一回戦で、この先も、二回戦、三回戦と続く可能性は十分あります)。

政治は勝敗ではないだろうって? いやいや、それは甘い考えです。政治には対立する意見の調整という側面もありますが、最後は権力闘争《とうそう》です。とてもそうは見えなくても、私たちはいま「歴史の転換点《てんかんてん》」に立っているかもしれないのです。

ということは、あなたがどんな選択をするかで、世の中は変わるかもしれない。いままでのように、パッとはしないけど一応自由にものがいえる民主主義社会がいいか、人々の自由が多少制限されても、国家の一存で物事がテキパキ決まる全体主義的な社会がいいか、ここはよく考えなくてはなりません。

以下、いまの政治のポイントをかいつまんで見ていくことにしますが、その前にちょっと語句の整理を。本格派の右翼と左翼、五五年体制下の保守(右派)と革新(左派)など、いくつかの言葉をここまで使ってきました。その流れでいうと、現代の日本では右派は「保守」、左派は「リベラル」と呼ぶことが多いようです。厳密にいいますと「リベラリズム(日本語では自由主義)」も保守思想の一種なので「左派」と「リベラル」は同じではありません。しかし、言葉の定義にこだわりすぎると、ややこしくなるばかり。ここでは「国益優先派」の「ゆる右翼」と「保守」をまとめて「右派」と、「人権優先派」の「ゆる左翼」と「リベラル」をまとめて「左派」と呼ぶことにします。

日本の自衛は「専守防衛」

安倍政権がいままでの政権と大きくちがうのは、戦争についての考え方を変えたことです。左チームの人たちは「安倍政権は日本を戦争のできる国にしようとしている」といって怒っています。二〇一五年の春から夏にかけて、国会議事堂前をはじめ、全国でたくさんのデモがあったことをご存じでしょうか。「戦争法案反対」「アベ政治を許さない」などのプラカードをもった人々の集団を、ニュースなどで見た人もいるでしょう。あれは安倍政権が、戦争についての法律を変えようとした（そして、結局、法律は変わりました）ことが原因なのです。

外からの攻撃に対して日本をどう守るかを考えることを、「防衛政策」とか「安全保障（安保）政策」といいます。安全保障政策は、もともと右派と左派の考え方の差がくっきり分かれるテーマです。ざっくりいうと、左派は「反戦」、右派は「軍拡」。それが戦後日本の両チームがずっといってきたことでした。

日本の安全保障政策はしかし、ほんとうはたいへん面倒なのです。「戦争放棄《ほうき》」を謳《うた》った憲法九条と、日本とアメリカの間で結ばれた軍事同盟《どうめい》ともいうべき日米安保条約、その二つの決まりの間で、調整をしなければならないためです。

まず憲法ですが、憲法九条には「陸海空軍その他の戦力をもっちゃいけない」「国の交戦権（戦争をする権利）もないんで」という意味のことが書いてあります。だけど不思議じゃないですか。じゃあ陸海空の自衛隊は「戦力」じゃないわけ？　交戦権がないっていうけど、他国から攻められても、日本はやられっぱなしなの？

これに関して、歴代政府は次のように説明してきました。

憲法には書いてありませんけどね、どんな国にも自分の国を防衛する権利はあるんですよ（これを「個別的自衛権」といいます）。ほら、正当防衛ってやつですよ。国際法もそれは認めていますしね。日本国憲法にも「幸福追求権」や「生存権（幸福で文化的な最低限の生活を営む権利）」があるのでね、憲法も個別的自衛権までは否定してないんですよ。攻撃されたときに自衛もできなかったら、国民はどうなります？　幸福で文化的な最低限の生活どころじゃなくなるでしょうが。

それと自衛隊ですけどね、あれは万一他国から攻撃されたときにだけ、最低限の反撃をするための組織なんですよ（これを「専守防衛」といいます）。まあ、警備隊みたいなものであってね、軍隊（戦力）ではないんですよ。

そうかい？　自衛隊はどこから見ても軍隊だけどなあ……と感じる人もいるでしょう。しかし、ともあれ多くの国民は、この説明で納得してきたのでした。

集団的自衛を許す？　許さない？

この方針を、大胆《だいたん》に変えてしまったのが安倍政権です。

個別的自衛権じゃいやだ。これからは集団的自衛権も使っていいことにする。

これが安倍政権が、選挙で国民の声も聞かずに、大臣だけの会議（閣議《かくぎ》）で勝手に決めたことです。

ちょっとむずかしくなりますが、集団的自衛権というのは軍隊（日本の場合は自衛隊）が、同盟国など、他国の戦争にも参加できる権利のことです。

だって考えてみなさいよ、と政府の人はいいます。仲のいい国が攻撃されたときにですよ、九条があるからって見捨てるんですか。助けに行きたいと思うのが当然じゃないですか。そのためには集団的自衛権が必要なんですよ。

集団的自衛権は、たしかに国連憲章でも認められている権利です。ですが、それと、憲法九条のある日本で集団的自衛権の行使容認（権利を使ってもよいと認めること）ができるかどうかは別の問題です。歴代政府は「集団的自衛権は、もっているけど使えない権利」だと説明してきました。

では、なぜ安倍政権は、集団的自衛権を使いたいといいだしたのか。

ここで出てくるのが、日米安保条約です。これは「日本が他国から攻撃されたらアメリカ軍がいっしょに戦ってあげる」という約束です。しかし、日本には九条があるため、アメリカ軍に、限定的な協力しかできませんでした。それではまずいだろ、アメリカ軍とともに活動できる範囲を広げないと対等じゃないだろう、というのが彼らの理屈です（もっとも軍事基地を提供したり、思いやり予算という名でたくさんのお金を払ったりしていますので、日本はアメリカ軍に十分協力しているのですけどね）。

そんなこんなで、安倍政権は二〇一四年七月一日に、憲法の条文を変えずに考え方だけを変えて（これを「解釈改憲」といいます）、「集団的自衛権の行使容認」を閣議で決定したのでした。で、翌一五年九月二九日には、この決定を受けた安保関連法案を、国会で十分な話し合いもせず通してしまった。つけ加えると、安倍政権は一三年一二月一日に「特定秘密保護法」を、やはり強引に通しています。この法律は安全保障上の重要な情報を「特定秘密」に指定し、これをもらした人や、スパイに似た行為をした人を厳《げん》重《じゆう》に罰するという法律で、国民の「知る権利」を制限すると大問題になりました。

三年連続で、安倍政権は安全保障政策の根本にかかわる変革をやりとげてしまった。そこに左チームは怒っているのです。彼らはいいます。

集団的自衛権を使いたいなら、先に憲法を変えろよ。それに集団的自衛権を行使するっていうのはな、戦争の片棒をかつぐことなんだよ。いままでアメリカ軍がやってきたことを見ろよ。ベトナム戦争も、パナマ侵攻も、イラク戦争も、ぜんぶ侵略戦争だったじゃないか。そんなものに協力して、自衛隊員の命を危険にさらすのかよ。アメリカ軍ベッタリになれば、日本もテロの標的にされるだろうが。

一方、この政策を支持する（主として右チームの）人々はいいます。

だからサヨクの頭の中はお花畑だっていうんだよ。現実を見てみろよ。北朝鮮から現に弾道《だんどう》ミサイルが飛んできてるじゃないか。中国船が日本の領海に入ってきてるじゃないか。日本は脅威《きょうい》にさらされているんだよ。アメリカとの同盟関係を強くしておくのは当然じゃないか。憲法改正なんか待ってられっかよ。

ちなみに北朝鮮からの弾道ミサイルや、尖閣《せんかく》諸島周辺に出没する中国船は、個別的自衛権の範囲で対応できるはずですが、右チームは「ちがう」といいはります。

さて、あなたはどちらの意見に賛成でしょうか。安保関連法が施行される直前（二〇一六年三月）の世論調査では、このような結果になりました。

安保法に「賛成」34％、「反対」53％（朝日新聞）
安保法を「評価する」37％、「評価しない」49％（毎日新聞）
安保法を「評価する」38％、「評価しない」47％（読売新聞）
安保法は「必要」57％、「必要だと思わない」35％（産経新聞）

この数字はべつだん、右派と左派のパーセンテージを示しているわけではありません。

日本人の大半は「ゆる体制派」なのですから、政治にあまり関心のない人たちも含めての結果です（世論調査はすべてそうです）。産経新聞以外は「反対」「評価しない」が上回っています。日本人はやっぱり戦争が嫌いなんだな、と思います。

私もこの法案には反対です。ただ、五人に二人は集団的自衛権の行使をみとめている。おそらく海外に派遣された自衛隊員がひとりでも戦死したら、敵に対する憎悪の気持ちが爆発し、賛成と反対の数字はたちまち逆転するでしょう。戦争に反対しつづけるっていうのは、なかなかたいへんなことなのです。

憲法改正は自民党の悲願

安全保障政策ともからんで、政治の大きな焦点《しょうてん》になっているのが憲法問題です。現在の日本国憲法は、一九四六年に公布され、四七年に施行され、それから一度も変わることなく、今日までつづいてきました。

しかし、いま、憲法を変えるかどうかが、大きな争点になっています。なぜなら、安倍首相とその仲間たちが憲法改正を強く望んでいるからです。

自民党という政党は、一九五五年に結党したときから憲法改正を大きな目標のひとつにかかげてきました。安倍首相のお祖父さんにあたる岸信介《きしのぶすけ》元首相（あの、六〇年安保のときの首相です）は、なかでも憲法改正に強い意欲を燃やしました。

しかし、その望みはついにかないませんでした。憲法を改正するには、たいへん高い壁が立ちはだかっているからです。

日本国憲法九六条は、憲法を改正するための条件として、①衆議院と参議院で、それぞれ三分の二以上の議員が賛成すること、②その後、国民投票にかけて有権者の二分の一以上が賛成すること、という二つの規定をもうけています。

衆議院と参議院の両方で三分の二以上の賛成を得るっていうのは、容易なことではありません。いままで憲法が改正されずにきたのは、両院で三分の二以上という、この条件をみたすことができなかったからです。

ところが、なんと現在の国会は、この高い壁を越えるところまできています。いまの衆議院は、憲法を改正したいと考える与党（自民党と公明党）が、すでに三分の二を超しているのです。参院選の結果、参議院でも与党議員（と憲法改正に賛成する野党議員の合計）が三分の二以上になれば、いよいよ、お祖父さんの代からの悲願だった、安倍首相の野望が達成されるかもしれません。

憲法改正についても、左派と右派は大きく対立しています。もしかしたら、憲法改正の是非《ぜひ》こそが、いちばんの対立軸かもしれません。

いまのままの憲法でよいという人を「護憲派」、変えたほうがよいという人を「改憲派」と呼びますが、熱心な護憲派には左派ないしリベラルが、熱心な改憲派には右派ないし保守派がだんぜん多いのです。前にもいったとおり、日本国憲法は個人主義的性格が強い（左派的な）憲法ですから、当然かもしれません。

ですので、右チームが安倍首相に期待している「ホームラン」とは、憲法改正のことだといってもいいのです。こんなチャンスはめったにないんだからな、安倍さん頼むよ、一発、長打を決めてくれよ！　ってなところでしょうね。

ほら、安倍首相は第一次安倍政権のときに、教育基本法の改正を成功させているじゃない？　つまり彼は、右派にとっては、実績のある頼もしいバッターなのです。

憲法を変える？　変えない？

しかし、なぜ右派は憲法を変えたいのでしょうか。彼らはいいます。

だいたい日本国憲法っていうのは、アメリカから押しつけられた憲法なんだよ。そんなんじゃ独立国家とはいえないだろうが。九条なんか、もう時代に全然合ってないしな。こんな憲法のおかげで、日本は、普通の国みたいに軍隊はもてないし、何かあるたびに解釈改憲でごまかしてきたんじゃないか。憲法改正なんか、どこの国でもやってるんだよ。さっさと改正しちゃえばいいんだよ。

これに対して、左派はいいます。

なにバカなことをいってんのよ。押しつけ憲法っていうけどさ、最終的に形にしたのは日本の政府だし、その後も国民がずっと支持してきたんだから、とっくにこれは日本国民の憲法だよ。日本がここまで平和だったのはこの平和憲法のおかげなんだよ。それをいま捨てて、いいことなんか、なんにもないじゃないか。

右派も左派も、気にしているのはやはり九条なんですね。

左派の中には、憲法は一字一句変えちゃいけないという頑固《がんこ》な人もいれば、「護憲的改憲」とでもいうか、戦争をさせないためには、自衛隊の存在を明記して、その活動範囲を制限したほうがいいという人もいます。

さて、あなたはどちらの意見に賛成でしょうか。「ゆる体制派」も含めた、二〇一六年春の世論調査の結果は、こんなふうでした。

憲法を「変える必要はない」55％、「変える必要がある」37％（朝日新聞）

憲法を「改正すべきではない」42％、「改正すべき」42％、（毎日新聞）

改憲を「しない方がよい」50％、「する方がよい」49％（読売新聞）

憲法改正に「反対」45・5％、「賛成」45・5％（産経新聞）

両論が拮抗《きっこう》しているか、改憲に反対な人がやや上回っています。興味深いのは、いずれの新聞の調査でも、ほんの数年前までは、改憲賛成派が反対派を上回っていたことです。ところが「いよいよほんとに改憲か」という段になって、のきなみ反対が増えた。人間、目の前につきつけられないと、実感がわきませんからね。このままだと、国民投票にかけても、過半数が改憲に賛成するかどうかは微妙です。

つけ足しておきますと、自民党が変えようとしている条文は九条だけではありません。

自民党が新しい憲法の下書きとして発表した「自民党憲法改正草案」（二〇一二年）では、基本的人権が大幅に制限され、また「緊急事態条項」という新しい条項が加わっています。憲法草案については本もたくさん出ていますし、ネット上にも情報が上がっていますので、ぜひ自分の目で確かめてみてください。いままでの憲法とのあまりのちがいに、全体主義者は「すばらしい」と拍手喝采《かっさい》をし、個人主義者はゾッとして卒倒しそうになること、うけあいです。

ああ、ややこしい、領土問題

右派と左派の考え方のちがいが、少しわかってもらえたでしょうか。現実的な国防策を考えるべきだと主張する右派、戦争をぜったいに阻止《そし》したい左派。

私は安保関連法にも改憲にも反対ですが、右チームの気持ちもわからないではありません。国家を大切に考える彼らは、日本という国を誇りに思い、日本の主権が他国に侵害されることを心配し、日本の名誉《めいよ》が汚されることを嫌うのです。

その意味で、右派と左派の考え方が大きく異なるのは「領土問題」でしょう。複数の国が「うちの領土だ！」と主張しあったら、ケンカになるのは当たり前。領土問題ほど、戦争の火種になりやすい案件もありません。右派がなにかとヒートアップし、左派がウンザリするテーマが領土問題なのです。

日本はもっか、三つの領土問題をかかえています。ロシア（旧ソ連）に戦争で奪《うば》われ、日本が返してほしいと要求している北方領土、日本と中国がそれぞれ自国の領土だと主張する尖閣諸島、そして日本と韓国がそれぞれ自国の領土だと主張する竹島（韓国語では独島《ドクト》）。ひとつひとつ事情はちがいますが、尖閣諸島問題や竹島問題がこじれたのは、二一世紀に入ってからです。

尖閣諸島は日本の支配下にありましたが、中国の空軍や海軍が示威《じい》行動（おどかすこと）をくりかえし、海上保安庁が船に体当たりしてきた中国漁船の船長を逮捕《たいほ》して、ことは外交問題に発展（一〇年）。当時の石原慎太郎《いしはらしんたろう》都知事が「都が尖閣諸島を購入する」といいだし（一一年）、日本政府が尖閣諸島の魚釣島《うおつり》ほか三島を買い上げて（一二年）、日中の関係は完全に悪化してしまいました。

また竹島は竹島で、島根県が「竹島の日」を決めたことから、韓国に反日の嵐がまき起こり（〇五年）、韓国の李明博《イミョンバク》大統領が竹島に上陸する（一二年）、日本政府は教科書に竹島を日本の領土と明記する（一六年）など、「子どものケンカか」みたいな挑発をくりかえしたのでした。こういうことがあると、中国でも韓国でも反日デモが盛り上がりますし、日本国内も騒然とします。

領土問題？　そんなの、ほっときゃいいじゃん、尖閣諸島は六〇年代の日中首脳がやってたように「棚上げ」にして、手打ちにすりゃいいんだよ。竹島なんか島っていうより、ほとんど岩だぞ。……と考えるのは領土に関心のない左派。

右派は、そうは行きません。日本の領土や領海に違法にふみこんできた中国や韓国を放っておけってどういうことだよ。日本の主権が侵《おか》されているんだぜ。あんなやつら、ほんとうだったら射殺したっていいんだよ。

さあ、あなただったら、どっちに賛成するでしょう。

もっとややこしい、歴史認識問題

日中関係、日韓関係には、ほかにも大きな火ダネがあります。それは「歴史認識」問題です。歴史認識というのは「歴史をどう考えるか」という意味ですが、ニュースなどで「歴史認識問題」といった場合は、日本が関与した過去の戦争（日中戦争と太平洋戦争）における戦争責任をどう考えるか、という意味になります。

歴史認識もまた右派と左派がするどく対立するテーマですが、話題が多岐《たき》にわたっているため、ややっこしくて、ひとすじなわではいきません。侵略戦争、南京大虐殺《なんきんだいぎゃくさつ》、国旗国歌（日の丸君が代）、慰安婦《いあんふ》問題、靖国《やすくに》参拝……。

しかし、大まかにまとめれば、次のような感じでしょうか。

左派はいいます。日本がアジアでやったことは侵略戦争以外の何ものでもないよ。しかも韓国・朝鮮を植民地にしてさ、創氏改名（日本名に変えさせること）をさせてさ、慰安婦に兵士の相手までさせたんだからね。そういう「負の歴史」も受けとめて、謝罪《しゃざい》すべき点は謝罪しなくちゃだめなんじゃないの？

このような考え方を、右派は「自虐史観《じぎゃくしかん》」と呼んで非難《ひなん》します。

バカだな、反日マスコミのいうことを、オマエら信じてんのかよ。あの戦争は戦争で正義があったんだよ、欧米の支配からアジアを解放するというね。日本軍の残虐行為がどうの、慰安婦がどうの、全部、あっちがいってる話だろ？　それを真に受けてペコペコしている日本もバカだよ。戦後生まれのオレらに戦争の責任なんかねーよ。いつまで土下座《どげざ》外交を続ける気だよ。だから韓国や中国にナメられんだよ。

「自虐史観」ということばは、教科書や学校の歴史を批判するために「新しい歴史教科書をつくる会」（一九九六年発足）という右派の有力チームが発明したことばです。で、このことばと考え方を広めるのに貢献《こうけん》したのが、小林よしのり『新ゴーマニズム宣言ＳＰＥＣＩＡＬ戦争論』（幻冬舎・一九九八年）でした。

〈かつて日本は侵略戦争をしたんだ〉〈朝鮮を植民地にしたんだ〉〈日本はアジアに迷惑をかけたんだ〉〈日本は加害者なんだ　悪なんだ　心から反省しろ〉〈謝罪しろーっ〉。これらはすべて「うす甘いサヨクの市民グループ」の陰謀だと『戦争論』はいい、決定的な一言を放ちます。〈要するに戦後民主主義は「サヨク」なのだ！〉

『戦争論』はベストセラーとなり、右派のバイブルになりました。世間の空気は、ここから変わったと私は思っています。

『戦争論』にいわれるまでもなく、そうです、戦後民主主義は自由と人権を重んじる左派的なものでした。だから（私のような）左派が体制派だったのです。

ところが、左派には進展がなかった。被害者意識にこりかたまって「二度と戦争をしてはなりません」「子どもを戦場に送ってはいけません」という「誓《ちか》い」や「祈り」ばかりをくりかえしてきた。これではさすがに世間の人々も飽きて「ウソくせえなあ」と感じるようになります。そこに『戦争論』が彗星《すいせい》のように現れた。

第3章で紹介した「大アジア主義」に源流をもつ考え方ですが、はじめて聞いた人には新鮮です。日本の戦争に正義はあった！　日本はまちがっていなかった！　という熱いメッセージは読者の胸にひびいたにちがいありません。読者は思います。そうだったのか、俺たちはサヨクの反日マスコミにだまされていたのか！

自国を愛する気持ちのことを「愛国心」とか「ナショナリズム」といいます。自国を愛するこころ自体はごくごく自然な感情です。しかし、何かのきっかけでナショナリズムに火がつくと、ときにはとんでもない結果を招きます。

二〇〇一年九月一一日、ハイジャックされた旅客機がニューヨークのワールドトレードセンタービルほかに激突した同時多発テロは、アメリカ国民のナショナリズムに火をつけました。町には星条旗があふれ、当時のブッシュ大統領はウサマ・ビン・ラディンひきいるイスラム急進派アルカイダの犯行と断定。「対テロ戦争」を宣言《せんげん》した大統領の人気は急上昇し、国民の支持をバックに、ブッシュはアフガニスタンを空爆、のちには「大量破壊《はかい》兵器がある」という名目でイラクに軍事攻撃をしかけました。

その結果、どうなったか。テロの犠牲者（三〇〇〇人）より多い四〇〇〇人以上のアメリカ兵が戦死し、八万人を超える現地人が犠牲《ぎせい》になり、金を使いすぎたアメリカ経済は疲弊《ひへい》し、しかも「テロの撲滅《ぼくめつ》」という目標はまったく成功していません。

戦争を遂行《すいこう》する為政者《いせいしゃ》は、必ず国民のナショナリズムをあおります。

戦争じゃなくっても、自分の悪政をかくすため、仮想敵をつくって国民の目を外に向けさせるのは権力がよく使う手です。中国や韓国が国民の反日感情をあおるのも、国内政治があまりうまくいっていない証拠ともいえ、両国は日本がまた軍国化して攻めてくるということを、自分の国の軍備拡張の理由に使ったりもしています。

その意味では、どっちもどっち。左派は「必要以上に刺激するな」といい、右派は「反論しないから悪いんだ」という。対立のタネは尽きません。

右派が勢いづいた拉致問題と嫌韓

ナショナリズムはそもそも右派のお家芸なので、左派は非常に警戒《けいかい》します。ですが、これも戦後をボーっとすごしてきたツケでしょう。気がつけば日本でも、近隣アジア諸国を憎悪する右派的な人々が急増していたのです。

大きなキッカケは二〇〇二年に急展開した、北朝鮮による日本人拉致《らち》事件でした。当時の小泉純一郎《こいずみじゅんいちろう》首相が北朝鮮の金正日《キムジョンイル》総書記と会談。総書記は一一人の日本人の拉致をみとめ、うち八人は死亡したといったのです。これが日本人の「北朝鮮憎し」の感情に火をつけた。加害者として謝罪する一方だった日本が、はじめて被害者の立場になったのですから、攻撃材料を手にした右派ははりきりました。

北朝鮮を許すな！　経済制裁を強めろ！

右派がはりきったもうひとつの理由は、新しい敵を見つけたことでしょう。右派のテーマが「反共」だったのを覚えてる？　そうです、右派の敵は長い間「共産主義国」だったのです。しかし、ソ連は一九九一年に崩壊。左派もあわてましたが、攻撃相手を失った右派はもっと元気をなくしていた。そこに出てきた北朝鮮の犯罪。ソ連にかわる新しい敵の出現でした。

しかし、彼らはやがて気がつきます。北朝鮮とは国交もないしな。たたいたところで反応も返ってこないし、攻撃しがいがねよなあ。あれ、ちょっと待てよ。憎むべき相手は北朝鮮だけじゃないよな。韓国だって反日感情むきだしだし、国内にも在日のやつらがいたじゃないか。そうだ。あいつらこそ敵だ！

ほんとに彼らがそう思ったかどうかはわかりませんよ。わかりませんが、当たらずといえども遠からずじゃないのかな。ちょうどそのころブームになっていたのが「韓流《ハンリュウ》」と呼ばれる韓国のテレビドラマでした。「冬のソナタ」の主役をヨン様、ジウ姫と呼んで日本人が崇拝《すうはい》している姿も、右派には腹立たしかったでしょう。

そんな気分を反映しているのが、山野車輪《やまのしゃりん》『マンガ嫌韓流《けんかんりゅう》』（晋遊舎・二〇〇五年）です。この本は韓国や在日を攻撃する材料のカタログのようでした。日韓共催のサッカーワールドカップ（二〇〇二年）における韓国サポーターの態度の悪さ。とっくに決着がついているのに韓国が何度も要求する土下座と戦後賠償《ばいしょう》。「強制連行」のうそ。〈韓国人は自分達の望むように歴史を改変してしまうんだ〉〈韓国人自身も日韓併合《へいごう》を望んだのよ！〉〈反日マスコミにだまされてはいけない！〉

『嫌韓流』は昔から続く在日差別の焼き直し、悪質な新バージョンにすぎません。しかし、それを新鮮に感じた人もいたのでしょう、この本はベストセラーになり、いまでも『戦争論』と並ぶ嫌韓派（右派）の教科書的な存在として、たくさんの人に読まれています。

外交にかかわる慰安婦問題と靖国問題

歴史認識問題は政治には関係ないように見えますが、日中、日韓、日朝の関係を考えれば、けっして無視はできません。なかでも今日、とりわけ外交に影響《えいきょう》を与えているのは「慰安婦問題」と「靖国参拝問題」です。

慰安婦（従軍慰安婦）というのは、戦争中に中国や韓国で日本兵の性の相手をさせられた女の人たちのことです。当時の戦地には「慰安所」というものがあり、ここにたくさんの女性（日本人、フィリピン人、韓国人、台湾人、オランダ人など）が集められて兵士の相手をさせられました。慰安所はアジア全域に四〇〇か所、慰安婦の数は数万人とも数十万人ともいわれます。

そして、いま問題になっているのは、慰安婦を日本軍が強制的に連れてきたかどうか、です。韓国政府はここをはっきりさせないかぎり、日本と友好的な関係は結べないといい、日本政府は「強制はなかった」で押し通しています。

右派はいいます。軍が強制的に慰安婦を戦地に連れてきた証拠はないんだよ。慰安婦といったって、もともと売春婦だったんだからな。戦地で商売をしただけだろうが。それを日本軍の責任みたいにいいやがって、いい気なもんだよ。

左派はいいます。強制はなかったっていうけどさ、だまして連れてくるのだって広い意味では強制だろ。韓国政府がかたくなになっているのも、日本に過去の事実を認めないやつらがまだいるからだろ。慰安所があって軍が管理してたのはたしかなんだからさ。なんでそんなに謝罪するのを嫌がるかね。

政治家の靖国参拝はどうでしょう。靖国神社というのは戦死した日本の軍人と軍属を祀《まつ》る神社ですが、問題はここにA級戦犯（戦争の責任者として東京裁判で死刑になった人たち）が祀られていることです。政治家が靖国神社に参拝するのは戦争を反省していない証拠だ、とアジアの人々はいうのです。

右派は反発します。自国の軍人を祀った神社に、自国の政治家が参拝して何が悪いんだよ。日本国内のことに中国や韓国が口出すのは内政干渉《かんしょう》だろうが。国に命を捧《ささ》げた英霊《えいれい》に感謝するのは日本人なら当たり前だろ。腹立つなあ。

左派はいいます。っていうか、どうして他国との関係を悪くしてまで、靖国参拝にこだわるのさ。国益を損ねてんのは誰なのさ。だいたい政治家が神社に参拝するのは政教分離の原則に反するし、戦争で死んだのは軍人だけじゃないんだぞ。戦死者を追悼《ついとう》したければ、無宗教の施設をべつにつくればいいじゃないか。

保守系の政治家にもいろいろな考え方の人がいますので、みんながみんな靖国神社に詣《もう》でるわけではありません。ただ、安倍首相は靖国参拝に前向きです。アジア諸国もですが、東アジアで衝突が起こってほしくないアメリカにとっても、だから安倍首相は右翼的な政治家とみなされ、ちょっと警戒されているのです。

領土問題にしろ戦争責任にしろ慰安婦にしろ靖国にしろ、なぜこんなことが問題になるのか、若いあなたには不思議だよね。生活にはまったく関係がないし、「勝手にもめてろ」ってな話です。とっくに終わった戦争のことで熱くなってる右派も左派も、そういう意味では、ちょっとおかしいのです。

ですから、あなたはどちらの意見に賛成か、とは問いません。ただ、こうした問題が排外主義と差別を助長し、ゆゆしき事態に発展することもある、ということは知っておくべきでしょう。在日の人々に対する差別的なことばを吐きながらデモをする「ヘイトスピーチ（憎悪表現）」はその例です。二〇一六年五月にはヘイトスピーチを規制する法律が成立しましたが、下手《へた》をすると民衆のナショナリズムは、人を傷つけ、命さえ奪《うば》いかねないところまで暴走するのです。

ナショナリズムと格差社会は連動する

それにしても二〇〇〇年前後に、右派カラーの強い考え方が勢力を伸ばしたのはなぜなのか、と思いませんか？

まず、政治的な理由ね。

歴史認識問題は、八〇年代後半から九〇年代に浮上したテーマです。その当時の日本の政治はちょっと（かなり？）リベラルでした。それは「河野《こうの》談話」と「村山《むらやま》談話」が発表されたことからもわかります。

「河野談話」というのは、一九九三年、宮沢喜一《みやざわきいち》内閣《ないかく》の官房長官だった河野洋平《ようへい》の名前で出された談話で、元慰安婦に「お詫《わ》び」を述べたものでした。

一部を引用すると〈当時の軍の関与の下に、多数の女性の名誉と尊厳《そんげん》を深く傷つけた問題である。（略）いわゆる従軍慰安婦として数多《あまた》の苦痛を経験され、心身にわたり癒しがたい傷を負われたすべての方々に対し心からお詫びと反省の気持ちを申し上げる〉。このとき政府は、慰安所の設置について「軍の関与」を認め、元慰安婦に「お詫びと反省」を述べたのです。

一方、「村山談話」とは一九九五年、当時の村山富市《とみいち》首相の名前で出された文書で、戦争について謝罪した内容でした。こちらも一部を引用すると、〈わが国は、（略）植民地支配と侵略によって多くの国々、とりわけアジア諸国の人々に対して多大の損害と苦痛を与えました。（略）この歴史の事実を謙虚《けんきょ》に受け止め、ここにあらためて痛切な反省の意を表し、心からのお詫びの気持ちを表明いたします〉。「植民地支配と侵略」ということばで日本の責任を認め、やはり「お詫びと反省」を述べています。

河野談話が発表された少し前（一九九一年）には、韓国人の元慰安婦が裁判を起こしており、河野談話は韓国訪問を控えた宮沢政権があわてて出した文書だともいわれています。しかし、この二つの談話によって、アジアとの友好関係と国際社会における日本の信用が保たれていることはまちがいないでしょう。

と考えるのはしかし（私のような）左派で、右派にとっては、この二つの談話こそが自虐史観。屈辱《くつじょく》的な「土下座外交」に見えるわけです。

宮沢喜一や河野洋平は自民党の中でも最左派に近いリベラルな政治家でしたし、村山富市にいたっては社会党（のちの社民党）という左派政党の党首です（この当時は、自民党と社会党という宿敵同士がなんと連立内閣を組んでいたのです）。右派の自虐史観キャンペーンは、そんな危機感からはじまったのかもしれません。

もうひとつ、注意しておきたいのは、経済の変化です。

『戦争論』がベストセラーになった一九九八年から『嫌韓流』がベストセラーになった

二〇〇五年ごろは、「格差問題」が急浮上した時代でした。

九〇年代のなかごろまで、日本は多くの人が中流意識をもち、統計的にも格差の少ない「一億総中流社会」と呼ばれる社会だった。が、経済の落ちこみで二〇〇〇年代には貧困層が急増。「下流社会」という言葉まで生まれました。ナショナリズムの高まりと格差の拡大は、ほとんど同時進行で進んできたのです。

持てる者と持たざる者の貧富の差は、世界的な規模で拡大しています。アメリカでもヨーロッパでも日本でも中国でも、いまでは、上位のわずか数パーセントから二〇パーセントの人がその国の半分以上の富を独占しているという状態です。

一般に、経済の悪化とナショナリズムは連動するといわれます。

景気がよいときは余裕があるため、他者にも寛大《かんだい》で、多少問題があっても「いいよ、いいよ」で終わります。しかし、景気が悪いと人は守りの姿勢になりがちです。経済が苦しく、生活に不安を抱えていると「あいつらが俺たちの仕事を奪う」「あいつらが利益をひとりじめにしている」という疑心暗鬼《ぎしんあんき》が生じるのです。

また、生活に不満があると、人は政治に関心をもちます。昔はそれが左翼思想（マルクス主義）に向きました。いまは右翼思想に向かいます。

「自虐史観」という批判に、左派も応戦はしてるのです。そうやって過去の歴史を美化することを「歴史修正主義」っていうんだよ、とかね。

「自虐史観だ！」「歴史修正主義だ！」という対立。いったいいつまで続くのでしょうか。

右派と左派の経済政策のちがいとは

もっと生活に密着したテーマ、経済について見てみましょう。

小泉内閣の時代（二〇〇一～〇六年）に自民党が「小さな政府」を謳《うた》う新自由主義経済（ネオリベラリズム）路線を明確に打ち出したという話は前にもしました。

国のお金を出し惜しみ（緊縮《きんしゅく》財政ってやつです）、民間でできることは民間でやってね、という方針は、自由競争をあおり、格差を拡大させます。また、福祉予算を削るのですから、「小さな政府」は国の都合を優先させた右派的な政策です。

では左派的な経済政策とはどんなものかというと、不況のときは、ケインズがいったように、国のお金をどんどん出す（財政出動です）。公共事業を行い、雇用《こよう》を生み出し、一方では社会福祉を充実させる。左派は労働者や貧困層の味方なのだから、最低賃金を上げ、公共住宅を整備し、教育費や医療費や介護費にも補助を出す。当然それは「大きな政府」になるわけです。

えっ、財源？　それはもちろんお金持ちから税金をたくさん取るのです。高所得者の所得税率を上げ、贅沢《ぜいたく》品に税をかけ、不動産売買時の税率も上げる。企業減税を見直して企業がため込んでいるお金も出していただく。で、持てる人のところに集中している富を、持たざる人に還元する「再分配」を実行するのです。

ところが日本の左派リベラルは、こうした左派的経済政策に無関心でした。小泉政権以来の新自由主義（ネオリベ）路線には反対していましたが、有効な対案は出せなかった。「赤字財政の再建が必要だ」「子どもたちに借金を先送りするのか」という財務省の脅《おど》しにおじけづいたのでしょうね。「企業の優遇策を外したら、企業はみんな海外に移転してしまうぞ」という脅しも効いたのだと思います。

その結果、左派リベラル系の政党も、その応援団である左派の新聞も、左派の市民も、すっかり右派に毒されて、みんな右派もまっさおの緊縮財政論者になってしまったのでした。「ムダな公共事業の見直し」や「事業仕分け」といった支出の見直しに血道を上げ、農家や学校や経済的に苦しい家庭への補助金を「バラマキ」と呼んで批判し、はては「消費税率のアップ」に賛成し……。

例外は、子ども手当て、公立高校の授業料無償化《むしょうか》、高速道路の無料化などの左派的な政策を公約にして〇九年に自民党から政権を奪いとった旧民主党でしたが、その旧民主党も、財務省の脅しにビビって緊縮財政に走り、景気を後退させたうえ、野党だった自民党と結託して、消費税のアップまでやるといってしまいました。

不景気なのに消費税率アップなんて、ふつう、ありえないわけ。

商品に五パーセントとか八パーセントとかの一律の税をかける消費税は、すべての人から薄く広く税金をとる制度でしょ。すると収入の少ない人ほど、負担が重くのしかかってくる。収入が多いほど税率が上がる制度を「累進課税《るいしん》」といいますが、消費税は貧しい人ほど負担が大きい「逆進性」なのです。しかも、消費税が上がるとお買い物を控えますよね。だから消費増税後の経済は必ず冷え込むのです。

安倍政権の経済政策は意外に左派的？

では、安倍政権の経済政策はどうでしょう。

安倍政権の政策は財政出動型、意外にも左派的でした。

安倍政権は経済政策に「アベノミクス」と名づけましたが、このうちの最初の政策は量的緩和。これは日本銀行がお金を市中にじゃんじゃん流して、景気を刺激するという、もともとはケインズ流の左派が得意な政策です。そして実際、この政策は効果をあげ、一時的ですが、ほんとうに景気もよくなって、失業率が下がり、中小企業の倒産が減って、ひと息ついた人もいたのです。

左派はくやしいものだから「そんなはずはない」「すぐに失敗する」「もう失敗してる」と、さんざん批判していますが、世界的に有名な左派の経済学者（クルーグマン、スティグリッツ、ピケティなど）の評価は高かった。

しかし、そんな景気対策も、一四年四月に消費税を五パーセントから八パーセントに上げたことで、パーになってしまいました。そのうえ肝心のアベノミクスもいつのまにか緊縮財政型にもどってしまい、混迷しはじめています。

もともと安倍政権は、再分配に熱心ではありません。

大企業やお金持ちが潤えば、やがてそのおこぼれが下の層にも回るという理屈で、大企業の税率は引き下げる。そのかわり、貧困対策は後退させて、生活保護費は大幅にカットする。受給資格も厳しくする。働く人の賃金を上げるよう財界に要請《ようせい》し、大企業の社員のお給料はやや上がるも、かわりに労働者派遣法を改正して、非正規雇用者をますます増やす方向に導く。総じて、お金持ちには優しく、貧乏人には厳しい。それが、安倍政権の経済政策であるように私には見えます。

それでも安倍政権の支持率が五〇パーセント以上をキープしているのは、たぶんこの経済政策が支持されているためです。左チームは「どうしてこんな政権が支持されているのかわからない」といい、右チームは「反日にいやけがさした国民が多いからだろ」などといいますが、「ゆる体制派」の人々は考えます。

そりゃあアベノミクスに効果があるかどうかはわからんよ。俺らの暮らしが楽になったという感じもないよ。だけど、安倍さんは、いずれ効果が出れば、景気が上がって、みんなの暮らしがよくなるっていってるじゃないか。だったらそれを信じるしかないじゃないか。え、野党？　あんなやつら、信用できるかよ。野党が勝ったら景気が上向くのかよ。もっと悪くなりそうじゃないか。

安倍政権の経済政策には左派的なところがあるといいました。ということは、人々も国のお金を惜しまず使う、弱者にやさしい左派的な政策を、ほんとは求めているんじゃないか。いま、国民の生活はそれほど逼迫《ひっぱく》しているのです。消費税はいずれ一〇パーセントに上がることが決まっています。こんなときこそ、憲法の幸福追求権や生存権を武器に、一揆《いっき》を起こしたっていいんだけどね。

原発に賛成？　反対？

最後にもうひとつ、将来の日本を考えるうえで欠かせないテーマが、エネルギー問題、原子力発電所をどうするかという問題です。

原発の是非が問われるようになったキッカケは、二〇一一年三月一一日の東京電力福島第一原発の事故でした。日本の原発は安全だといわれつづけていたのに、この日、東日本一帯をおそったマグニチュード9・0の大地震のおかげで、四基の原子炉のうち三基が破壊され、大量の放射能がもれて、今日もなお収拾できていません。廃炉《はいろ》に少なくとも三〇年以上かかるといわれ、事故の影響で五年たっても帰宅できない人たちが四万人以上います。

このような事故を経験して、日本は原発に頼るべきかどうかが問われることになったのでした。日本には廃炉が決定している原子炉をさし引くと五〇基の原発があります。日本は地震列島ですから、いつどこで大地震が起きてもおかしくありません。

原発推進派はいいます。

万全の準備をしておけば原発は安全なんだよ。そのために原子力規制委員会があるんじゃないか。だいたい日本は原発なしにはやっていけないんだからな。どうやって安定したエネルギーを供給《きょうきゅう》するんだよ。火力発電はコストがかかりすぎるし、地球の温暖化を促進《そくしん》させるんだぜ。電力料金がはねあがってもいいのかよ。

一方、原発反対派はいいます。

原発に絶対安全なんかないって、福島の事故でわかったじゃないか。規制委なんか信用できるかよ。事故が起きたときのリスクは、ほかの発電の比じゃないんだぜ。使用済み核燃料の処分場もないんだぜ。だいたい日本の電力は足りてるじゃないか。原発が一基も動いていなかったときだって、日本は電力不足にならなかったじゃないか。

あなたはどちらの考え方に賛成でしょうか。

原発は経済の問題ともからんでいます。原発の企業城下町と化した原発立地地区では、原発なしには経済がまわらないという現実もあるのです。

それでも私は、原発はやめたほうがよいと思います。

原発は、たとえば労働問題として考えることもできます。

一般の人が一年間にあびてもいい放射線量の限度を、国際放射線防護委員会（ICRP）は年間一ミリシーベルトとしています。一方、原発労働者の被曝《ひばく》限度は、どのくらいだと思います？　通常作業の場合は五年間で一〇〇ミリシーベルト（年間五〇ミリシーベルト）。それだって十分高いけど、緊急時の上限は年間一〇〇ミリシーベルト。通常の一〇〇倍です。いや、ちがうわ。二〇一六年四月から、緊急時の被曝限度は年間二五〇ミリシーベルトに引き上げられたので、二五〇倍。

政府や電力会社はもちろん「作業員の健康には十分配慮《はいりょ》する」というでしょう。だけど、国家も電力会社（資本家！）も信用していない私には、とうてい信じられません。労働者の健康と引きかえにしないと維持《いじ》できない経済って何？　繊維《せんい》女工や炭鉱《たんこう》労働者の時代と何も変わっていないじゃないの。

原発の是非については、他の政治的トピックとすこしちがったテーマですから、従来の左派と右派のようにグループ分けはできないはずです。ですが、3・11当時の政権だった民主党政権は二〇二〇年代までに原発ゼロをめざして、徐々に脱原発をめざそうとしていました。一方、現在の安倍政権は、原発をベースロード電源とすると決定。国内で新しい原発を建設するのはもうむずかしいと判断したのか、国内の原発メーカーといっしょに、外国に原発の売り込みに行ったりもしています。

おそらく、国家の方針を支持する右派の人たちは、原発に賛成し、国家を信用していない左派の人たちは反原発、脱原発に傾く。原発の再稼働に反対する毎週金曜日の国会前デモで政治に目覚《めざ》めたという人もいるくらいですから、原発の是非こそ、いま「国家と個人」の対立関係をするどく反映しているのかもしれません。

選挙公約より党派で選べ

二〇一六年現在の日本を騒がせている政治的トピックを、ここまでランダムに拾ってきました。右派（保守）はこう、左派（リベラル）はこう、と無理矢理まとめましたが、ひとりひとりの考え方はちがうので、ここで書いたような意見がすべての右派、左派に当てはまるわけではありません。Aの案件は右派の考えに近いけど、Bの案件は左派に賛成だな、ということもあるでしょう。

では、あなたの意見を政治に反映させるにはどうするか。

もちろん選挙に行き、あなたの考えに近い候補者《こうほしゃ》や党に投票するのです。

しかし、選挙のとき、あなたはガッカリするはずです。安全保障政策も、憲法も、領土問題も、歴史認識も、原発も、ここで取り上げたようなトピックは、おそらく選挙の争点になっていないからです。なんだよなんだよ、だまされた！

だましたのではありません。選挙とはそういうものなのです。

左右の意見がするどく対立するトピックを争点にしたらどうなります？　考えがちがう人の票は確実に逃すでしょ。どんな党でも（与党はとくに）幅広い層から票を集めたいので、そんな面倒は避けて、誰もが納得するような政策しか公約にしないのです。「景気をよくします」とか「社会保障をしっかりやります」とかね。公約が破られたり、公約になかった重要法案が選挙後に提出されることも珍しくありません。

「選挙に行け」と若者に説教する人は、「政策をよく見て候補者を選びなさい」といいますが、それはタテマエ、オタメゴカシです。いいことしか書いていない家電製品の広告と同じで、公約を見て候補者を選択するのは不可能なのよ。

ではどうするか。棄権《きけん》するのか。

そうじゃなくって、ここは党派で選ぶのです。

与党か野党か。野党だったら、どの党を選ぶのか。

与党と野党、体制と反体制、どっちにつく?

現在の政権は自民党と公明党の連立政権ですが、公明党は自民党の政策に内部からブレーキをかける歯止めの役割はほとんどはたしていません。

もしもあなたが右派(保守)に近い考えなら、迷わず自民党に一票です。いまの自民党は、左右混合チームだったかつての自民党とはちがいます。右へ右へと旋回《せんかい》し、もう少しでウルトラナショナリズムの域に突入しかねない勢いです。憲法を改正していずれは自衛隊を「国防軍」に昇格させ、言論の自由をやんわり制限し、教育に介入し、あなたがお好みの、ニッポン万歳な国にしてくれるでしょう。

逆にあなたが左派（リベラル）に近いなら、どうあっても自民党にだけは投票してはなりません。どの野党も気に入らない？ それでも野党に入れるのです。

五五年体制のころとちがい、今日の野党は脆弱《ぜいじゃく》です。

二〇〇九年に一度は政権を奪取した民主党は、いまや右派色の強い「維新の党」と合併して民進党という党になり、保守とリベラルの混合チーム。いまいち信用できません。政策的には完全にリベラルな社民党は、党勢が衰えて虫の息。旧民主党から分かれてできた生活の党（現在は「生活の党と山本太郎となかまたち」）もリベラルといえますが、存在感は薄い。となると頼りになる左派は組織力のある共産党で、じっさい、他の野党がのきなみ苦戦するなか、ここ数年、共産党だけは議席を伸ばしてきました。「共産党は暴力革命を肯定する左翼だぞ」などと脅す人がまだいますが、それは柴犬をさして

「あいつの先祖はオオカミだぞ。危険だぞ」というようなもので、トンチンカンもいいところです。ただし、元オオカミの共産党は「左翼嫌いのゆる体制派」の票をとりこむことがむずかしいため、投票しても当選する率は低い。

さあどうするか、悩むなあ……。

そうなんです。選挙は一種の駆《か》け引きなので、支持政党が決まっている人以外は、情勢を見て、（私の場合は）野党をひとりでも多く議会に送り込むにはどうするかを考えることになる。だから選挙はエキサイティングなのです。

保守とリベラル、右派と左派のような分け方はもう古いという人もいます。いまはもう左右の対立の時代じゃないよ、とかね。

そうですか。じゃあいまは、どんな時代なのでしょうか？

冷戦体制の崩壊後、社会党がつぶれるなどして日本の左派は解体し、離合集散をくりかえした結果、民進党（旧民主党）のような、右とも左ともつかぬチームが野党第一党になりました。左派リベラルの力はこうして削《そ》がれ、そのすきに自民党は右派カラーを鮮明に打ち出して、議会の三分の二の議席をとるほどの勢力を獲得したのです。

「もう左右の対立の時代じゃないよ」の結果がこれです。

はっきりした対立軸《じく》のない時代に、与党が調子に乗るのも無理はありません。そうこうしているうちに、戦後民主主義体制そのものまでヤバくなって、左派リベラルはいま、野球でいえば九回裏のピンチを迎えている。

体制と反体制、資本家と労働者、右翼と左翼、国家と個人などの対立軸は、選挙に直接かかわる分け方ではありません。でも、それはあなたの立ち位置を決めるヒントにはなるはずです。政治はべつに永田町（国会議事堂のある場所です）の中にだけあるわけじゃない。与党と野党、体制と反体制、どっちにつくかはあなた次第。

さて、あなたのひいき、見つかりました？

エピローグ　リアルな政治を学ぶには

いまから二十数年前、東西の冷戦時代が終わったころ、「右翼」「左翼」なんていうグループ分けはもう消滅するのだろう、と私は勝手に思ってました。当時はまさか、顔も名前も知らない者同士が、文字情報だけで互いを「ネトウヨ」「反日サヨク」と罵倒《ばとう》し合う日が来るなんて、予想もしていませんでした。

人って結局、派閥《はばつ》をつくっちゃうんだね。というか「あなたはどっち側の人?」的な興味は、政治を語るうえで、やっぱり外せないのです。それなのに「いまはもう右だ左だというイデオロギーの時代ではない」みたいなことを、したり顔でいう人がまた多いんだ。ほんまかいな。いささかムッとした私はつい口をすべらせた。

だったら右だ左だという本を書いてやらあ。

それでできたのが、この本です。

だいたいみんな、このごろ、まちがえてんのよね。「偏《かたよ》らないことがいいことだ」「メディアは中立公正、不偏不党であるべきだ」「両論を併記しないのは不公平だ」。そういう寝言をいっているから、政治音痴になるのよ、みんな。

あのね、政治を考えるのに「中立」はないの。メディアの役目は「中立公正、不偏不党な報道」ではなく「権力の監視」なんです。それ、常識。

党派性をもたずに政治参加は無理である。だが、そのためには地図がいる。そう考えたのが、そもそものはじまりでした。たまたま選挙権年齢が一八歳に引き下げられるタイミングと重なったので、プリマー新書の一冊に入れてもらいましたが、当初の計画では二〇~二五歳くらいの読者を想定していました。

リアルな政治はどこで学ぶのか。そんなの街頭に決まってるだろという人（たいていデモ好き）もいれば、日々の暮らしの全部が政治に直結しているのよという人（ちょっと優等生）もいる。新聞を読みなさいという人（オールドリベラリスト）もいるし、ネット漬けになって一日中検索ワードとにらめっこしている人（ネトウヨ予備軍？）もいる。いずれにしても、選挙のときだけ急に政治について考えろといってもそれは無理。

地図をもたずに野原に放り出されたら、誰《だれ》だって道に迷う。

ただし、基本はやっぱり私憤《しふん》ないし義憤でしょう。

なんでワタシがこんな目にあわなくちゃいけないわけ？　どうして彼や彼女がああいう境遇に置かれてるわけ？　そう思った瞬間から、人は政治的になる。

その後の政治的リテラシー（読み書き能力、ものごとを批判的にみる力）は勝手に磨かれていくだろうと思います。情報を集め、人と話し、本を読んで、ニュースも見る。結局はそういうことの積み重ねしかないのですが、私憤や義憤と二人連れだと、おもしろいほどパワーが出る。すべてのスタートは「こんちくしょう」です。あなたの行く道が見えた暁《あかつき》には、地図は破り捨ててもかまいません。

chikuma primer shinsho

ちくまプリマー新書257

学校《がっこう》が教《おし》えないほんとうの政治《せいじ》の話《はなし》

二〇一六年七月十日　初版第一刷発行
二〇二四年一月二十日　初版第八刷発行

著者　斎藤美奈子（さいとう・みなこ）

装幀　クラフト・エヴィング商會
発行者　喜入冬子
発行所　株式会社筑摩書房
東京都台東区蔵前二－五－三　〒一一一－八七五五
電話番号　〇三－五六八七－二六〇一（代表）

印刷・製本　株式会社精興社

ISBN978-4-480-68966-5 C0231　Printed in Japan